rhwng ffrindia?

CERDDI
1990-1999

Iwan Llwyd

BE 'DI BLWYDDYN
RHWNG FFRINDIA?

CERDDI
1990-1999

Gwasg Taf
2003

Argraffiad cyntaf: Mawrth 2003

Mae cofnod catalogio'r gyfrol hon ar gael gan y Llyfrgell Brydeinig.

ISBN: 0 948469 99 4

Cyhoeddir gyda chymorth ariannol Cyngor Celfyddydau Cymru.

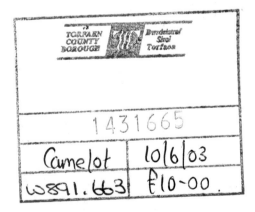

Cyhoeddwyd gan Wasg Taf, Bodedern, ac argraffwyd gan
Y Lolfa, Talybont, Ceredigion.

I Rhiannon

CYDNABYDDIAETH

Ymddangosodd nifer o'r cerddi hyn mewn rhifynnau o *Barddas*, *Barn*, *Taliesin*, y *Daily Post* a *Poetry Wales*. Darlledwyd rhai cerddi ar y BBC ac S4C. Mae rhai o'r cerddi wedi eu cyhoeddi eisoes mewn detholiadau gan weisg y Lolfa a Gomer. Cafodd nifer o'r cywyddau eu cynnwys mewn cyfrolau *Cywyddau Cyhoeddus* gan Wasg Carreg Gwalch, a'r cerddi i Riwlas mewn cyfrol yn ymateb i ffotograffau o stad Rhiwlas gan yr un Wasg. Cyfansoddwyd nifer o'r cerddi fel rhan o deithiau *Bol a Chyfri Banc* a'r *Ffwlmonti Barddol*, gyda chymorth a chwmni Myrddin ap Dafydd, Geraint Lovgreen, Ifor ap Glyn ac Edwin Humphreys. Ysbrydolwyd eraill o'r cerddi gan nosweithiau a theithiau yng nghwmni Elwyn Williams a Steve Eaves. Comisiynwyd y cerddi *Delweddau o Gymru* ar gyfer Arddangosfa Celf a Chrefft Eisteddfod Genedlaethol y Bala, 1997. Mae'r cerddi i Eldorado yn gynnyrch y daith ryfeddol i dde America yng nghwmni Twm Morys yn Hydref/ Tachwedd 1998, na fyddai wedi bod yn bosibl heb amynedd a gweledigaeth Michael Bayley Hughes a chwmni Telegraffiti. Mae nifer ohonynt wedi eu cynnwys yn y gyfrol *Eldorado* (Gwasg Carreg Gwalch).

Cynnwys

RHAGFYR

IONAWR

1. Cannwyll

(Nadolig 1998)

Mae'n ddiarth erbyn hyn,
ar fore'r Nadolig,
y tywyllwch sy'n taro rhywun
fel wal gerrig

ar ochor y foel,
yn batrymau annisgwyl,
cysgodion yn y llefydd rhyfeddaf
lle bu tafarnau'n cadw noswyl

a siopau'n neon i gyd,
yn fasgedi danteithion
a Siôn Corn yn sioe o sêr,
yn ogof gobeithion;

ond wrth yrru adre o bell,
a radio'r car yn rheg o ganeuon
a chefnffyrdd y wawr
yn brin eu harwyddion,

yn ddiarwybod rhywsut,
drwy'r dydd tywyll, y strydoedd tawel,
daw rhyw olau bach bach
fel cannwyll mewn capel.

2. Mis bach (I)

Efallai mai byw 'dan ni
rhwng cysgod ac angau,
ond mae 'na lyn lle mae'n amhosib
dianc rhag yr haul weithiau:

glyn lle mae'r pelydrau'n
gwrthod cuddio, maen nhw'n goleuo
pob wyneb â'r disgleirdeb hwnnw
sy'n brinnach nag aur:

pnawn Gwener ola' Ionawr ola'r mileniwm,
a thonfeddi'r radio
yn clymu'r gasgen a'r byd i gyd,
y Cwps a'r Glôb,

a chystadleuaeth uniaith
yn pontio'r pellteroedd:
ar fy ysgwydd
gŵr yn holi am dâp Hogia' Llandygai

ar gyfer ei chwaer
sy'n marw o gancr ym Mhensylvania,
a'r gwanwyn disglair ar y jiwc bocs
yn gwawrio'n y cefndir:

myfyrwyr ar fin gadael am Amsterdam
yn cofio trip rygbi i'r Alban,
a sôn am Ronnie Moore
yn bloeddio canu yn y karaoke:

mae'n bosib canu'r byd i gyd
yn uniaith,
mae'n bosib,
dim ond i ni ein hunain ei wneud o:

dau Sais dan bwysau
yn cyd-wylofain ag Elvis –
'…and I would rather be anywhere else
than here today…'

cyn codi yn ddiseremoni
a mynnu,
gan danlinellu pob sillaf –
'we are English';

nes bod nodau Jim Cro Crystyn
yn dawnsio ar draws y tonfeddi
a'r ffidil yn boeth; ninnau'n gyfoethog
gan eiriau gwirion ar bnawn dydd Gwener.

Y Glôb, Bangor
29.1.99

3. Cysgodion (I)

Wrth ddarllen dy goffadwriaeth
yn y Times mewn bwyty diog
ar gyrion y Cavern yn Lerpwl
ar bnawn Llun o Ionawr llwyd

clywn gytgan cân o'r chwedegau
yn atsain ar y 'musak' –
'Yesterme, yesteryou, yesterday' –
a fflachai dy lun yn ddu a gwyn

ar draws y blynyddoedd: yn ein berw amryliw
mae'n rhaid wrth gysgodion,
peint o Guinness yn setlo'n ara' deg,
paent gwyn – hogia Llanbabs – ar res o grawia:

a rhoist dithau gysgod
i'r dewin a dywynnai
yn ddi-dor drwy fy arddegau:
cysgod rhag y gwres tanbaid –

'Paid â galw Wil ar...'
'Pan fyddo'r nos yn hir...'
Tannau wedi tynhau
yn canu wrth dorri –

seibiant rhag y tân:
llosgodd yr haul yn ddim,
a'th adael â'th gysgodion
yn lledu tua'r gwyll;

ac adlais hen ganeuon
ar delyn synthetig y jiwc bocs,
llyncaist dy gegiad olaf
a mentro am y tro olaf i'r golau,

a mynd am y bont
gan wybod,
wrth i'r cysgodion ymestyn,
mai o'r haul y down ni bob un.

4. Tywydd

Tywydd llygod a lladron,
yn oer fel gŵr di-gariad
yn gyrru'n wlyb ar draws gwlad:

tywydd edifeirwch
yn diferu, a thipian y weipar
yn guriad calon cyson y car:

tywydd ffarwelio a ffraeo'n
troi oglau'r glaw trwm
yn alcohol, fel cwlwm:

tywydd diwedd tymor,
a blas y baw ar wyneb y lôn
yn nofio dan atgofion:

tywydd ar gwt lori
a hen ofn yn fy nhynnu i'n
beryglus o agos ati.

Ionawr 1994

5. Tai unnos

Sbwriel oes yr iâ oedd y cerrig llyfnion
orweddai'n flêr hyd lannau'r afon:

sbarion a shafins cŷn a morthwyl y rhewlif
a siapiodd pob dyffryn ganrif wrth ganrif:

ac â'r sbwriel cododd ein cyndeidiau'n ddyfal
fwthyn clyd yn nhro'r afon, ar seiliau petryal;

gosod carreg ar garreg rhwng gwyll a gwawr,
a chynnau tân cyn i'r landlord dynnu'r cyfan i lawr;

hawlio darn o dir a'i godi'n aelwyd
drwy nerth bôn braich troi llafur yn freuddwyd:

ar lannau traffyrdd y dinasoedd llwydion,
ac yng nghesail concrid swyddfeydd gweigion,

dan bontydd ffyrdd osgoi, mewn meysydd parcio mae
        rhai
yn eu dyblau heno hefyd wrthi'n codi tai,

rhoi trefn ar sbwriel dan y sêr,
hawlio darn o dir â bocsys cardbord blêr.

Ionawr 1993

6. Cerddi Rhiwlas

Englynion

Y gwanwyn fu'n bargeinio – yn galed,
    a'r golau yn gwanio,
    a natur yn byw eto
    i'r haf, a'r gaeaf o'i go'.

Ar y llyn, 'sgotwr llonydd, – a'i enwair
    yn tynnu tua'r mynydd,
    tynnu dyn ar derfyn dydd
    i dir cwmpeini'r pinwydd.

Cneifio

Yn sŵn bref gyson ei braidd,
y felan anifeilaidd,
cneifiwr sy'n cynaeafu'n
ddygn ei holl feysydd o gnu:
daw'r fro i gyd yn dyrfa i'r gwaith,
i rannu'r llafur uniaith:
â llond y cae o straeon,
mae pŵer iaith ym mhob bron;
heddiw bydd y fro'n ddi-ball
yn siarad ag oes arall.

Tirluniau

Mae gennym dirluniau
o'r brwyn a'r bryniau
yn dod allan o'n clustiau:

mor hoff gan ymwelwyr
i gofio'r achlysur
yw rhyw fyd sy'n ddi-fodur,

byd di-dractor, di-ffatri,
dim ond y pîn yn gwmpeini
ym mharlwr Cilgwri:

heb sylwi mai arad,
a phobol yn siarad
sy'n rhoi i gomin gymeriad.

Hen wynebau
Y pellter rhyngom
yw'r gwacter ynof,
fel siwrne unig
ar draffordd drwof:

yn osgoi'r segura
a'r tagfeydd geiria
sy rhwng hen ffrindia
dros baned cloddia:

yn mud oddiweddyd,
a'r iaith yn rhuthro
i adael pethe,
i roi ddoe heibio:

a'r pellter rhyngom
eto'n ymestyn,
fel y tywyllwch
yn y gaea ym Mhenllyn.

Ionawr 1997

CHWEFROR

7. *Dulyn*

Mae'r Ynys Werdd yn gerdd i gyd,
a'r nefoedd yn gron hefyd:
cylch cyfan yw trefn hanes –
heddiw'n wefr a ddoe yn nes:
pob rhyw nos, pob bore'n her,
yn hen fenyw, yn faner
ddu a gwyn, fel sudd Guinness,
a'i frig yn setlo heb frys:

pob drudwen ffraeth yn gennad,
pob bar hwyr yn gân parhad;
pob gwlad yn Wlad fy Nhadau,
pob syndod yn dod fesul dau,
pob cwlwm yn gwlwm gwâr
yn dew gan odlau daear:
pob cusan yn gynghanedd
a phob mul yn geffyl gwedd.

Chwefror 1998

8. Ymgom Pryderi a Manawydan

(I)
Be wnawn ni â Dyfed dan hud
a Gwynedd yn dlawd,
a gorsedd ein tadau dan warchae,
ble'r awn ni, frawd?

Awn i Loegr i chwilio am grefft
ac i fynnu gwaith,
i feithrin celfyddyd yn onest
ac i ddysgu iaith.

Pa grefftau sy gennym wrth gefn,
pa ddoniau a ddaw
i'n cynnal yng ngwe y dinasoedd,
ym mwrdeistre'r glaw?

Gwnawn gyfrwy a tharian, fy mrawd,
ac esgidiau'r crydd;
gwnawn elw o drafod cyfalaf
a marchnad rydd.

Ond beth os yw'r arian yn brin
a'r ymdrech yn flin,
a chleddyf y Sais – a'i eiddigedd
yn hogi min?

Os gweithiwn yn ddygn a doeth
ac ymwrthod â thrais,
gorchfygwn ag urddas y crefftwr
gasineb y Sais.

(II)

I ble'r awn ni heno, hen ffrind,
a'n crefftau'n ddi-fudd,
heb farchnad i darian na chyfrwy
na sgidiau'r crydd?

I ble'r awn ni i glwydo liw nos
a'r gelyn yn cau,
a'i helgwn yn udo'n adfeilion
delfrydau brau?

Awn adref i Gymru, awn 'nôl
i Wynedd ddi-waith,
a chilio o'r ddinas a'i dicter
a'i hestron iaith.

Awn adref i ganol y frwydyr
o'n crwydyr yn y byd,
nid oes dianc rhag sefyll a gwared
Dyfed o'i hud.

9. Mis bach (II)

(i Rhiannon)

Fe ddoist yn gynt na gwyntoedd
gaea' blin, yn rheg a bloedd;
yn gynt na'r cennin gwantan
sy'n lluwch melyn ym mhob man;
yn gynt na'r un blagur gwyn
ar wegil noeth y brigyn:

fe ddoist cyn i'r borfa ddod
a llafnau'r glaw yn llofnod;
dod yn rhyfeddod na fu
dy ail yn unrhyw deulu;
yn gynt na defaid ag wyn
a gwennol gynta'r gwanwyn:

cyn i Ebrill Cochwillan
dorri gair, doist di â'r gân
i farchogaeth, ferch Ogwen,
a'th iaith yw dy hudlath wen,
â'r eira'n frech ar lechi
doist cyn dy ddisgwyl di,

ond eto, nid oedd dy atal,
yn ddi-oed, dof innau i'th ddal.

10fed Mawrth 1999

10. Muriau

(er cof am John Williams, Llannerch-y-medd)

Yn ei waeledd fe welai – y lôn bost
*   yn lein bell, ond troediai*
*   yn osgeiddig, cans gwyddai,*
*   yn oriau'r hwyr, mai adre'r âi.*

Sarn
Ar y sarn Rufeinig
drwy Fwlch y Ddeufaen
carreg yw'r diwylliant:

fe'i holltwyd o'r llethrau hyn
drwy foreau'r barrug a chyfnosau'r glaw
yn heol ac welydd, cromlechi a chorlannau:

geiriau wedi'u naddu'n garreg,
hafnau o'r mynydd a sgythrwyd
gan fysedd rhew a'u gweithio

i gofnodi taith ein cyndeidiau
o'u geni i'w gwaedd olaf:
ac ar draws y canrifoedd

gwelaf wŷr lluddedig yn crymu
rhwng llafn y garreg a'r gwynt,
yn hiraethu am gariadon

tu hwnt i'r moroedd,
yn rhegi'r meini a'u carcharai
ar gyrion y byd.

Saerniwr
Ar lethrau'r Garn
a thraw am Lanbadrig a Bodafon
bu dwylo'n gweithio'r garreg

yn ffiniau rhwng tyddyn a thywyn,
rhwng marian a môr,
yn derfynau ar grwydr y famog

a'r fuches feichiog;
yn gosod meini'n gynghanedd,
eu trin a'u trafod yn garedig

fel geiriau rhwng hen ffrindiau,
a pharch at eu tarddiad a'u ffurf,
at haenau anwastad eu hanes,

yn aeddfedu'n awdl dan fysedd crefftwr:
ac ar draws y caeau
gwelaf ŵr gwydn yn gwau

cerrig yn llinellau acennog
a diacen, yn frodwaith
o fawl di-fwlch hyd erwau'r fro.

Siwrne
Mae waliau'n dymchwel
ar y Friedrichstrasse,
o strydoedd Timosoara
hyd sgwâr Wenceslas:

sŵn yr hollti'n clecian
fel eithin mynydd,
yn cyhoeddi'r enwau'n uchel
ar donfeddi'r gwledydd,

a'r ffiniau'n agored
i'r pedwar gwynt
lle bu gwenoliaid yn sgota'r cloddiau
ar hwyrnosau gynt:

pa ddirgelion sy'n aros
wrth inni ruo heibio
ar wythïen o draffordd i flasu
MacDonalds yn Mosco:

ar draws y cyfandir
gwelaf esgyrn muriau mud
yn gerrig alltud ar wasgar
yn undonedd melyn diderfyn yr ŷd.

Gwanwyn 1990

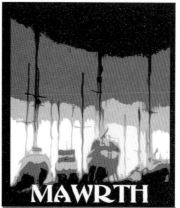

MAWRTH

11. *Mawrth 1af, 1997*

Heddiw oedd hi:
un dydd arall yn nhroad y ddaear,
fel pob heddiw pan rowliodd
y tanciau a'r bwldosars
i wastatáu strydoedd a stadau
yn enw cynnydd a'r dyn cyffredin:

heddiw oedd hi:
yn llawn cân adar a chynllwyn cariadon,
ac anadl olaf un arall a thafod
i leisio hiraeth â thusw o eiriau,
un dydd arall yn nhroad y ddaear,
un heddiw o haul a thwrw anniddig
y traffig fferi'n tywallt trwy Gaergybi
a rhuthr cymudwyr yn tagu Caerdydd:

heddiw oedd hi:
yma am eiliad, cyn bod y gorffennol
yn dwyn yr hamdden sy ym mhob cwmnïaeth
a'r bodlonrwydd sy'n gwawrio ar rywun
wrth godi perl mewn dwrn o dywod;
yr hamdden i ryfeddu
ar y geiriau gwirion sy'n dawnsio
ar flaen tafodau, y gwirioneddau
sy'n llechu mewn ebychiadau:
yr hen wraig groendenau,
a'i hesgyrn lluniaidd yn bradychu ieuenctid,
yn taranu:
'Os byth y gwnaiff uffern rewi,
dyma lle y clywch chi o gyntaf':

y llanc a raffodd ei graffiti
ar wal y tŷ bach:
'Fi yw Adolf Oliver Nipples.'
ac un gog o Stiniog yn cwestiynu:
'wyt ti'n licio'r Spice Girls?'
heddiw oedd hi.

12. Ym mae Ceredigion

A sêr tywyll yw nghysur tawel
fod mwy na gofod rhwng y lloer a'r gorwel
yn anterth y nos, a'r traethau'n isel,
a sŵn tonnau fel sacsaffon mewn twnnel,
a cherrig a chregyn a chwrel
yn golchi i'r lan ar benllanw'r awel,
a minnau'n bell bell, heb waith, heb êl,
a genod o Lanuwchllyn ar stolion uchel
a sodlau peryg wrth y bar, a rhyfel
ar y teledu mud yn y gornel:

a'r gwynt yn codi, a'r tonnau'n cydio,
a'r cefnffyrdd tua'r de'n disgleirio'n
gynffonnau o yrwyr mud yn cymudo
fel llwch y sêr drwy'r t'wllwch i'n twyllo
fod y lonydd cyfarwydd yn dal yno
yn rhywle, dan y niwl unffurf sy'n rowlio'n
llanw o'r unigeddau i guddio
pob glesni, a'r golau'n cilio...
i deithiwr diarth, a'r llethrau'n duo,
y sêr unig yw nghysur heno.

13. 'You're not from these parts?'

Na, dydw i ddim, 'dwi'n dod o dalaith
ymhell i'r gogledd, a fu'n deyrnas unwaith,
'dwi'm yn medru'r acen na'r dafodiaith,
ond pan ddo'i'n ôl i'r fro 'ma eilwaith
yn deithiwr diarth, yn dderyn drycin
a sgubwyd gan y storm, neu fel pererin
yn dilyn y llwybrau o Bonterwyd i Bontrhydfendigaid
fe gerddaf yn hyderus, a golwg hynafiaid
yn cyfeirio fy nhaith, yn llewyrch i'm llygaid;
achos mae pob taith eilwaith yn gwlwm
â'r ddoe sy'n ddechreuad, â fory ers talwm,
ac yn y distawrwydd rhwng dau hen gymeriad
ar gornel y bar, mae 'na filoedd yn siarad
am ffeiriau a chyrddau a chweryl a chariad,
am fyd fel yr oedd hi, am y gweddill sy'n dwad:
na, dydw i ddim o'r ardal, ond fe fedra'i glywed
clec sodlau y beirdd wrth iddyn nhw gerdded
o noddwr i noddwr, o gwmwd i gantref
cyn dianc rhag Eiddig ar hyd ffordd arall adref:
bûm foda, bûm farcud, yn brin ond yn beryg,
bûm dlws, bûm Daliesin, bûm yn crwydro Rhos Helyg,
bûm garw, bûm gorrach, bûm yma yn niwyg
pregethwr, tafarnwr, breuddwydiwr a bardd,
na, dydw i ddim yn lleol, ond y dyfodol a dardd
yn ddwfn yn hen ddaear Pumlumon, ac wrth fynd,
meddai'r henwr o'r gornel, 'Siwrne dda i ti, ffrind.'

14. Gorffennwyd

*We clearly see who is the victim and
who is the victimiser: NATO*

Ac fe ddaeth y dyn gwyn o'r gorllewin
i wareiddio'r anwariaid
gyda'i daflegrau a'i awyrennau'n frain:

    yn nhiroedd y Cheyenne
    mae'r genod bach
    yn glanhau'r chwistrellau yn nŵr yr afon:

mae hi'n amlwg i bawb
bod 'na anghyfiawnder:
mae'r ffoaduriaid yn draffig drwy'r ffin:

    yng Nghaergybi
    mae 'na fabi arall
    yn sgrechian hunllefau heroin:

mae'n Basg, ac arabésg Calfarî
yn dathlu'r genadwri
ar donfeddi digidol:

    yn Hamburg
    dan y sêr neon
    mae mam o Albania'n rhannu bara ei chorff:

gwyn fyd y marchogion fideo
a chroesgad eu cyrch heno
mor hen â'i groesbren O:

a gwyn dy fyd y llysgennad a fu
ar lannau'r Iorddonen
yn golchi dy ddwylo.

Mawrth 1999

15. *Y gwylwyr*

Mae rhywrai'n herio'r trai ar y traeth,
rhywrai ym mhob cenhedlaeth
yn styfnig eu stiwardiaeth:

y rhai na dderbyn yn rhad
delerau'u darostyngiad,
y rhai teyrngar eu cariad:

maent yn gwylio'r gorwel heno,
yn gwylio'r haul yn noswylio,
yn cadw'i wres yn y co':

co' na fedd cenedl glaf,
ni wêl ei hatgo' olaf
ymhellach na'r wefr ddiwethaf:

ond gwêl y rhai sy'n gwylio'r
heli'n goch fel pe'n esgor
a theulu yfory'n fôr

diogel ar orwelion
di-lyw y genedl hon:
gwelant i eigion y galon

a gweld gwlad gadarn a'i thir
yn forglawdd ar arfordir,
yn fur balch nas bylchir:

o ben hwylbren llawen y llwyth,
gweld tŷ hael a gweld tylwyth,
gweld eu hunlle yn danllwyth

ar draeth, a'r mwg yn diriaethu
ofnau ddoe yn golofn ddu,
gweld diogelwch goleudy:

y rhai a wêl acw'n rhywle,
wedi'r fordaith, y gefnffordd adre'n
anwylo'r wlad, o le i le:

mae rhai yn herio'r trai a'r tir aeth
yn dywodlyd dreftadaeth:
y rhai a wêl drwy farwolaeth.

Mawrth 1994

16. Gadael tir

(i Jean François Saliou)

Fe wyddwn fod y môr yn agos,
roedd ei flas ar y gwynt:
wrth inni brysuro ar draws y twyni

a thorri gair byrwyntog,
torrai fflachiadau'r tonnau ar greigiau pell,
mor gyson â phelydr goleudy Aber Wrach:

roedd dy olwg gwantan dithau
ar y môr fel ag erioed;
pob tro y deuai pryderon

a dydd o brysur bwyso
deuet yn ôl at y môr,
at y gorwel a'r gwymon,

a lynai'n wydn a chyndyn yn y graig:
ac ar fore o Basg
a dim ond ambell bererin pell yn cregynna

yn dynn ar sodlau'r trai,
gwelwn dristwch yn dychwelyd
i darfu ar dy orwelion

fel rhimyn o olew ar y llanw,
ac yn fratiog, ailieithog
clywn hen iaith dy deulu yn gadael tir,

yr hen eiriau ac ymadroddion
a'n clymai'n gefndryd agos yn ymbellhau,
eto yno ger y môr ym mhen pella'r byd,

yn Gymro a Llydawr
medrem gydflasu'r heli
fel garlleg ar y gwynt.

Pasg 1992

EBRILL

17. Beirdd

(i Menna a Nigel)

Yn y dagrau yn eu llygaid
mae'r cyfarwydd yn cuddio:
ar y ffin denau honno

rhwng chwerthin a chrïo:
yn y cyfamser, maen nhw'n ein herio
i ryfeddu ar yr ystlumod a'r pryfaid

neu acenion diaconiaid:
yn y dagrau mae crwydro
dychymyg fel sêr yn syrthio;

a chyffyrddiad ysgafn y cerddi'n gwlitho
capeli gwag a chaerau cogio:
fe fu eu siwrne yn gyfle, yn goflaid

o nefoedd uniaith yng nghwmni hynafiaid:
fe ddôn nhw yma eto
a'r heulwen trwy'r cymylau'n goleuo

eu taith: mae pelydrau'n teithio'n
dda, a'r gwinoedd gorau heno
yn y dagrau yn eu llygaid.

6.4.97

18. Ur y Caldeaid

(Mike Jennings)

Maen nhw fel dynion bach gwyrdd ar y lleuad –
yr Americanwyr –
trowsusau byr a chamerâu, yn flonegog, gwelw,
eu stumogau'n gyfoglyd wedi'r siwrne ar y trên.
Mae llwch y storm yn ystod y nos
wedi treiddio drwy'u heiddo i gyd,
hyd at yr asgwrn.
Wyddan nhw ddim yn iawn pam y daethant
yn ddryslyd a diddeall fel cywion bach.

Y twll yn y ddaear yw'r mwyaf a welais erioed,
yn dyst i'r Dilyw – rhuban pedair troedfedd
o dywod hanner ffordd i fyny muriau pydew llwyd
yn llawn darnau mân o grochenwaith. Mae plant lleol,
drygionus, yn powlio i lawr y llwybr serth, cul
ar frys anghyfrifol i gasglu rialau a dinarau.
Maen nhw fel petaen nhw wedi egino yma
heb gymorth rhieni na gofal. Ar draws
y mil blynyddoedd, teimlaf gwmni plant
a phris uffernol arian.

Wedi dringo'n hir y fi sy'n cyrraedd
brig y ziggurat gyntaf
gan gyffwrdd nefoedd byglyd Abraham.
Rwyf yn 10. Mae fy nghalon fel drwm.
Safaf ar ben y byd a adawodd Duw.

(cyf. Iwan Llwyd)

19. Media, PA.

Oglau tar ac eira'n toddi
a chusan haul ar dyrau'r eglwysi:

oglau persawr rhad o rywle
a bar yn llawn o dwrw'r bore:

oglau petrol a chyfrolau
beirdd yn crino yn y golau:

oglau cwrw, oglau cariad,
oglau twrcwn gwyllt yn siarad;

oglau'r boen sy mewn tawelwch
a wna'n eglur ystyr tristwch:

oglau hen hen iaith yn crïo,
oglau hiraeth – dyna ydi'o.

4.4.97

45

20. *Enwau*

(Remsen, NY)

Fe â'r lôn
heibio Turning Stone
i Rufain a Ferona:

yr enwau a ddaeth yma
o'r hen gyfandir
ymhell i'r dwyrain:

ar yr un awel â'r gwyddau gwylltion
sy'n paratoi i heidio'n ôl i Ganada
cyn i'r gwanwyn hwyr eu dal:

a thu hwnt i drwch o eira,
capeli Bethel a'r Capel Cerrig
yn cadw'u henwau'n y rhewgell,

enwau o gwr y cyfandir pell
sy'n groes ar bob carreg,
yn torri trwy'r colur gwyn:

enwau a gollwyd fel y Gymraeg
yn y Stinger's Bar & Grill,
ond eto, yn y croeso

i grwydryn o Gymro,
mae'r enwau'n dal yno,
yn galw am y maer, am groeso dinesig,

a'r cwrw a'r wisgi
yn llifo fel caneuon yr henwlad
ar y jiwc bocs canu gwlad:

a chyn gadael
y 'Twilight Zone' rhwng enwau,
heibio Rhufain a Ferona,

medraf gyfri'r twrcwns gwyllt
yn troi am adre un wrth un,
ac ôl eu traed yn yr eira fel croesau bychain.

Ebrill 1998

21. *Dilyn trywydd*

Lle wyt ti heno?
wyt ti'n nofio gyda'r llamhidydd
lle mae'r môr yn cusanu'r gorwel,

neu'n gyrru'n wyllt
i gyfeiliant y Grateful Dead
dros bont Brooklyn?

wrth roi cip yn y drych
rhwng Cleveland a Buffalo,
wyt ti yn y car y tu ôl i mi,

yn un o'r gwrthrychau
sy'n nes nag y maen nhw'n ymddangos,
yn twtio dy finlliw yn y drych?

neu wyt ti'n un o'r degau
sy'n gofyn cariad
yn nhudalennau ôl y papur rhad?

a ddoi di yma?
lle y buom unwaith
yn deall dieithrwch dros lasiad o gwrw:

fe ddof yn ôl droeon
rhag ofn i dy lygaid
fy nghyffwrdd â'u cyffur a'u tosturi ifanc

o'r ochor bella i'r bar,
neu ofyn i mi ddawnsio eto
rhwng caneuon ar noson swnllyd:

fe ddof yn ôl eto
ac eto,
am fod yr un cyfarfyddiad hwnnw
yn dal i ddychwelyd fel llamhidydd
i'r bae.

22. Blŵs Carolina

Dyma air neu ddau
o ganol y rhaeadr geiriau
a dywalltodd dros Carolina
drwy'r dyddiau diweddar:

geiriau cynnil,
mor syml a diwastraff â'r blŵs,
sy wedi aros, wedi goferu
ac sy'n gofyn eu cyflwyno i dy ofal di:

geiriau fel drws agored,
gofal am gyfaill,
caru a thrugaredd,
awydd am goll foreau:

geiriau sy'n ddiystyr
ar wahân i'w gilydd:
aeth pob cwmnïaeth newydd
yn gwpled o gywydd:

ac fe fydd y geiriau'n aros
yn llond bar o alawon,
fel rhoi doler yn y jiwc bocs
a cherdded allan i'r nos.

23. Paradwys

(i Jack Hart)

Doedd dim enw ar y bryniau
a godai fel gwyddfa o'r paith,
ac ni wyddost tithau
siâp fy Nghymru innau chwaith:

ond dan groen dy siaced leder,
a than aeliau'r chwedegau
a grogai'n flinedig dros dy lygaid,
roeddet ti isio rhannu'r geiriau

a wna pob bardd yn fardd,
dianc rhag paradwys sych
mynachlog gwyngalchog di-gwrw
y campws, torri bwlch drwy'r gwrych,

croesi'r Rio Grande:
(Bwlch Crimea Ohio, rhyw le
a fedyddiwyd i gofio brwydr
rhywle yn nhaleithiau'r de)

i fedyddio unwaith eto
y bryniau di-enw
â'r dafnau di-ffiniau sy'n diffinio
pob rhan o'r tirwedd, pob acer, pob erw:

roeddet ti'n hawdd dy berswadio
i gymryd gwydriad arall o win,
cyn troi 'nôl i droi dalennau
y cyfrolau crin:

a minnau mhell o dy baradwys
yng Nghymru, 'dwi'n fodlon rhoi bet,
bod chwiban hir y trên nwyddau eto
yn rhoi tân ar dy sigarét.

24. Cân

*(a song is anything that can walk by
itself. Bob Dylan)*

Mae ei gwrid
yn cerdded drwy mreuddwydion

a'r awyr mor enfawr,
y cymylau'n llonydd
fel petaen nhw'n disgwyl yn ddiniwed
am awel newydd

ac mae'r cysur sy'n y blŵs,
y cysur o ddod yn ôl bob tro
i'r lle cyntaf,
y cynildeb sy'n gwasgu
pob ystyr diwastraff
o'r patrymau moel;

yn torri trwy'r gwyll,
ac yn ei golau,
clywaf y blŵs yn cadw'r tafod yn ifanc:

ac wrth i'r machlud ymledu
mae'r bryniau'n mygu yn y gwres
a'r coed yn gwrido.

25. Wrth Droed yr Eifl

(i Angharad a Ben – Ebrill 1998)

Wrth gwr y gaer bu'r cewri'n
y dŵr iach yn ymdrochi,
yn gwylio'r swnt a chlywed si

y llechen ger y Fenai
yn galw'r cwch a'i gwelai
fel anadliad troad trai:

a'r haul yn gwanu'r heli
a herio y baneri
â llafn arianrhod y lli:

a bydd holl straeon y tonnau
a'ch cyd-ddyheu chi eich dau
yn aros wedi'r muriau,

yn goflaid fel ambell gyfle
i droi gwydr o win yn siwrne,
a rhwydo aur Môr y De,

ond ar noson wen fel heno,
a Menai a Lleu yn ymuno
i greu aur o ddŵr a gro,

adref yw'r unig fodrwy,
ac â'u hiaith a'u cyfarchion hwy
i'r pâr daw'r adar drudwy

o bell yn gawod uwchben,
a than eu henfys gellweirus, glên,
cewch eich dau hel gemau'r heulwen.

26. Eira olaf

A haul Ebrill yn ffŵl mawr, bras,
yn ein twyllo i dynnu'n dillad
a diosg ein brethyn gaeaf,

a'r bryniau ar eu cefnau'n braf,
yn gwylio'r paragleidwyr
yn heidio fel pryfaid hy

yn crogi uwch y creigiau:
a'r ymwelwyr yn gamelod
hunangynhaliol yn dod

â'u bwyd a'u bydoedd eu hunain
yn garafán hunanol,
mae'r eira olaf yn dal

i lynnu yn y mannau annisgwyl,
y cilfachau amhoblogaidd,
o dan y grib anghysbell

ac yn y cwm cau: ar fore o Ebrill
mae'n dal yr haul am eiliad,
yn dal fy llygad innau

a holl ormes y gaeaf
ynghudd yn yr haeanau llachar,
yn disgwyl braw'r dadmer.

Ebrill 1995

27. Llosgi'r gaeaf

Pnawn Sul yn llosgi'r gaea'
yn dwmpathau o hen ddail,
hen wair, hen fieri

a'r mwg yn ymledu
drwy'r tŷ yn atgofion duon
a digyfaddawd,

fel hen ddafad a grwydrodd
i ganol ein gwaith a'n prysurdeb
gan golli ei gwlân budur

ar weiren bigog ein byd:
o hirbell gwyliaf y mwg yn codi,
a'r gaea'n llosgi,

a'r haf yn cyrraedd
yn swnllyd a thywodlyd
ar drên yn y pellter.

28. Breuddwydio

Tywydd da i ddim i weithio,
tywydd breuddwydio
a sgwennu cerddi ar
gefn matiau cwrw
i gariadon na wela'i byth eto
cariadon sy'n gyrru'n gyflym
lawr lonydd aflonydd y nos,
sy'n sôn am wŷr a phlant
a gollwyd yng nghyffur strydoedd
Efrog Newydd;
sy'n rhoi tâp ar y peiriant,
sy'n gwirioni ar Jerry Garcia,
sy'n cyffwrdd yn sydyn ag ymyl fy nghoes,
sy'n cario croes, sy'n canu,
sy'n siarad yn dawel, sy'n galw heibio
i lecyn cysegredig, i wrando'r tywyllwch;
sy'n troedio yn ysgafn
fel bronfraith hyd fy ngobeithion:
mewn tafarn dywyll yng Nghaernarfon
'dwi'n gweld y golau yn Far Rockaway.

Ebrill 1995

29. Anadl

Yn y tristwch
mae'r urddas,
yng nghanol yr oriau
a'r arian prin,
yr eistedd unig
wrth fariau diamynedd,
y siarad caled
a'r peidio coelio:
yng nghanol hyn i gyd
mae pobol yn caru,
yn cydymdeimlo,
yn poeni rhywsut
fod geiriau'n cyfri,
fod calonnau'n curo:
ac wrth gofio,
wrth gyfeirio
at hwn a hwn
neu hon a hon,
fe ganwn eu digonedd,
eu gwerth a'u prydferthedd
yn anadl newydd
drwy gonglau'r stryd.

MAI

30. Mai

(i Dafydd)

Daw Mai fel codwm i mi,
heb hynaws lais cwmpeini,
na thaw rhag crïo'r awen,
na sigâr, na chaseg wen,
na geiriau gwâr, nac erwain
yn drwch; nid yw'r llwyni drain
â blodyn gwyn arnyn nhw,
gwywodd y coed â gwayw:
ni chân tylluan, mae'r lle
dan wenlloer fud yn hunlle;
ni chwery'r gwynt glychau'r gog,
a rhewodd llwybrau'r eog;
daw cur i arafu'r afon,
rhwyd o wae i dagu'r don;
ni welir lleuad olau,
na haul y de'n 'nwylo dau,
na sêr y nos yn siarad
am dreigl iaith a mydr gwlad,
am y glaw a fwynhäwn;

ond daw Mai eto, mi wn.

31. *Dau*

Ar lôn i rywle unwaith
yr oedd dau yn dechrau'r daith –
y telynor a'i gorwg
yn drwm gan atgofion drwg,
a'r bardd dan faner y byd,
a'i odlau'n llesg a mwdlyd,
yn ei heglu hi drwy'r glyn,
a hyd y gefnen wedyn:

ar y lôn ryfedd honno
tua'r haul tu hwnt i'r tro,
teithiai'r ddau i rythmau'r hwyr
a sŵn awdlau di-synnwyr,
i alaw gras Bob Dylan
a drymiau hy'r adar mân:
teithio, gorffwyso'n y ffos
ac ofni cwmni'r cyfnos:

ar y lôn droellog drwy'r wlad
dywyll mae'r ddau yn dwad,
chwerthin i drechu'r blino,
gyrru cŵn Cymru o'u co',
dadlau am serch a merched,
am lyfr hoff a melfaréd;
gweiddi am gampau'r Gwyddel
a thwymo i ha'r llaeth a mêl:

ar y lôn ddireol aeth
eu hanes yn chwedloniaeth,
y ddau eog, dau ddewin,
yn caru'r gwyll, caru'r gwin

yn caru'r crac o herwydd
dawn y rhain yw bod yn rhydd,
yw caru'r gân wahanol,
yw caru iaith roc a rôl.

32. *Tina Turner*

Roedd hi'n gweini tu ôl i'r bar
yn nhafarn y Waterloo,
lle daw pererinion sychedig
i dorri'r daith yn Crewe.

Ymddiheurodd am nad oedd finag
i chwerwi y bastai sych
cyn troi i gywiro'i minlliw
a thwtio'i gwallt yn y drych.

Roedd hi'n tynnu am oed yr addewid
a'r blynyddoedd 'di oeri'i gwaed,
ond digwyddais roi cân ar y jiwc bocs
a daniodd ddawns yn ei thraed:

"'dwi'n cael trip i Hamburg mis nesa
i wrando ar hon, wyddoch chi,"
ac am eiliad roedd Tina Turner
yn hy'n ei cherddediad hi.

Mai 1993

33. Y barcud ola

(i Twm)

[*Yn ystod y ddeunawfed ganrif bu'n rhaid i'r barcud
coch fynd ar herw i Gymru gan eu bod yn cael eu
hela fel pla yn y dinasoedd ar ôl i'r goron wrthod
trwydded i'w gwarchod yn swyddogol.*]

Aeth yno wrtho'i hunan,
drwy'r dŵr mawr, drwy'r adar mân;
o'r ddinas gas ar wib goch
yn feingoes a gylfingoch;
ei blu yn flêr a gerwin,
a'i olwg o fel y gwin,
hen win 'di suro'n ei wedd,
dagrau gwinllannau llynedd.

Unwaith bu'n walch y brenin
a chodai i'r haul uwch y drin,
yn faner goch a heriai
drydar llwyd yr adar llai:
gwibiai ar gerrynt gobaith,
a dawns y duwiau'n ei daith,
hongian fel cryman angau,
a'i flaen o'n arf i lanhau.

Ond roedd ei liw'n y diwedd
yn dabŵ i'r gwelw eu gwedd;
yn dallu'r henwyr â'i haf,
yn gïaidd meddai'r gaeaf:
'mae'n well mewn cawell bellach'
ebe beirdd yr adar bach;
'y dihiryn a'i blu'n bla,
y diawl yw'r barcud ola'.

62

Ac fe ddaeth yn gaeth a gwan
ar herw i Nant yr Arian:
i daenu ei adennydd
yn yr haul, a bod yn rhydd;
i esgyn yn ddigysgod
a di-daw, i fynd a dod
fel y dydd, a'i faled o
yn rheg rhaeadr o grïo.

Daeth yma'n dderyn cannwyll
a'i gwt o'n goch yn y gwyll;
dod yma'n big ei dymer,
a'i war gam a'i friwiau gwêr;
ond o'i ddod mae'n dydd a'i wedd
dywyll yn fflam o'r diwedd,
ac ym mysg y cerrig mân
daw'r aur i ffrwd yr arian.

26ain Mai 1999

34. *Machlud yn Eryri*

Mae'r cymylau ar dân,
a'r haul sy'n cael y bai,
a'r gwreichion a'r lludw'n disgyn
yn genllysg ar doeau'r tai:

mae'r mynyddoedd ar dân,
ac yn ôl y rhai
sy'n gwybod, ar ryw losg fynyddoedd
o'r cynfyd mae y bai:

mae'r môr ar dân,
a'r llanw'n mynd yn llai,
ac wedi i'r fflamau ddiffodd
cawn grwydro cyn tro'r trai.

35. Castell y Bere, 1997

Mae boncyffion y coed yn cofio
sodlau'r milwyr yn gorymdeithio:
mae pob cam yn atseinio'n y co':

yma, a Chadair Idris yn gwarchod,
mae'n bosib dewis anghofio am gyfnod
y cymylau terfysg i gyfeiriad y môr:

mae'r hen risiau yn dal yno
lle bu breninesau'n dringo,
a'r tir hwn dan nenfwd un tro:

ffermwr yn cyfarth Cymraeg ar ei gŵn,
a'r defaid mor styfnig ag erioed, a sŵn
llif gadwyn o gyfeiriad Llanfihangel y Pennant:

mae Afon Cader yn dal i lifo
a dwyn cyfrinachau'r bryniau heibio,
a mawl y fwyalchen yn deffro'r fro:

tyr crac awyren dros Graig y Deryn
ac o'r ochor bella i'r dyffryn,
am y tro cyntaf eleni clywaf watwar y gog.

Mai 1997

MEHEFIN

36. Llydaw (a Cheredigion)

Tai cerrig yn codi o'r niwl
a'r môr yn gorwedd
yn llonydd yn y glaw mân:

hen aber yn fynwent o gychod
a'r bont yn suddo
i ddistawrwydd llaith y bore:

cloch yr eglwys yn colli curiad
a rhes o blant
law yn llaw yn galw lliwiau:

gwraig grom yn codi tomen
o datws newydd
a'r glaw ar ei gwar fel trugaredd:

awel gynnes yn sgubo'r twyni
a thu hwnt i'r goleudy
gwyddau'n esgyn i'r awyr enfawr:

tractor a throl yn gweithio gwymon
a rhwng craig a gorwel
brwydr ddiderfyn y tonnau'n torri:

llanw'r cymylau yn codi o'r cefnfor
a storm ar daro,
a gwydrau'n wag wrth droi am adre.

Lilia, Llydaw

37. Blodau

Mae'r blodau yn Ypres
yn goch fel y gwaed
a'r plant yn eu plethu
yn dorchau dan draed:

mae'r blodau yn Ypres
fel carped, fel cof,
fel cadair eisteddfod
yn dywyll a dof:

mae'r blodau yn Ypres
deirgwaith mor drist
â'r blodau a blethwyd
am arddyrnau'r Crist.

Llydaw
Mehefin 1997

38. Ymryson

Fe fedrwn ni swancio'n llanciau i gyd
a thorri cýt â'n ffraethineb trendi,
troi'n dduwiau bach fel beirdd y byd
a pheidio â chymryd neb o ddifri;
gallwn chwarae'r gêm a stumio gair
a sgwennu'r hyn mae'r Meuryn eisiau,
ac odli'n wirion a smocio gwair
a dallu'r llu trwy godi'n lleisiau:
ond eto i gyd, mae bît y gân
yn gur calonnau'n chwilio cariad
yn gwahodd rhywun ar wahân
i rannu her cynghanedd eiliad:
drwy'r niwl a'r glaw daw haul brawdoliaeth
a geiriau'n enfys rhwng dwy genhedlaeth.

39. Kalashnikovs a gitârs

(ar ôl cyngerdd Bob Dylan, Mehefin 1998)

Ei wallt yn dallt y sgôr
a'i gitâr yn taro nodwydd
sy'n trywanu eneidiau:

bechgyn sachliain a lludw
o mlaen yn tanio matsien,
yn ei nabod drwy'r blynyddoedd,

a than ei sbectol swbwrbaidd
y gŵr a'i ysgariad
yn gorfod gwenu:

mae'n dod heibio i ni i gyd,
yr awydd i ddal bys
ar dennyn sy ar fin torri,

i beidio â thewi,
i ddal llygaid yr hogan o'r Bala
sy'n dangos ei hysgwydd chwith,

a'r tatŵ sy'n dawnsio dan ei chroen:
fe aiff ati eto –
mae patrymau mor gyfforddus:

fe wn i hefyd
sut i lechu tu ôl i'r gitâr:
fel cydio mewn kalashnikov:

ac yn y ddawns honno
sy'n tanio fel cetyn unig,
mae oglau mwg hen hen seiadau

70

yn cario ac yn caru
gan gyffwrdd pob gewyn –
mae'n gweinio ei kalashnikov,

mae'r dagrau lletchwith yn peidio,
un gytgan eto, ac wrth i'r nodau noswylio
mae'r cysgodion yn ymestyn

ar y groesffordd,
a minnau'n rhannu tacsi
efo'r ferch fu'n trefnu'r blodau:

mae hithau hefyd
yn cofio'r gân cyn yr un
lle'r oedd o'n colli'r geiriau:

mae pob milwr
yn dyheu am weld blodau
yn tyfu o faril ei kalashnikov.

40. Croesawu Waldo o'r carchar

(i Huw Eic a Siôn Eirian – Llun y Mis, Barn)

Dau grwt ar gyrion llun,
dau blentyn ar farjin hanes,
dau drowser bach yng nghanol y cotiau claddu
a'r crysau-a-thei yn cynnes groesawu'r
gŵr annibynnol ei farn,
a roes haearn yn ein canu caeth,
a mêr yn ein hesgyrn mud:

dau ifanc a gyd-yfodd o'i ffynnon o ryfeddodau,
a gyd-dyfodd mewn dau gae gyferbyn,
dau gyfathrebwr a geiriau'n eu gwaed,
dau a lenwodd ein llwyfannau â'u huotledd hardd,
dau fachgen a'u hieunctid yn hawlio'r llun,
yn hawlio'n sylw ninnau,
a llygaid un ar y camera, a llygaid y llall ar y bardd.

Mehefin 1994

72

41. Yn Llanfair ym Muallt – Mehefin 1998

Fy mhobol i ydan nhw
yn y dafarn karaoke
a'r noson canu gwlad

a Mr Blobby yn dawnsio
efo'r wraig ganol oed
wnaeth fy nghyhuddo

o fod yn ddigalon,
a ofynnodd imi ddawnsio
a minnau mor anghyffyrddus

â bydwraig mewn angladd,
neu leidr mewn llys barn,
yn poeni a awn i oddi yno mewn un darn:

yn chwilio'r esgusodion,
eto isio croesi'r bont,
achos maen nhw mor angenrheidiol

â phlant bach yr Urdd
sy'n sgleinio fel gwlith y bore
tra'n canu 'Yma o hyd':

yn fwy angenrheidiol,
yn eu crysau modrwyog
a'u sgidiau El Alamo:

'It just takes two...'
meddai'r karaoke,
a 'da ni a nhw yn dal i ddawnsio:

roedd Tina Turner
wedi canfod y gyfrinach a'i rhyddhaodd:
hwythau'n ei dynwared

yn chwilio'r iaith a'r dychymyg
i leisio eu rhyddid eu hunain:
weithiau fe ddaw priodas

o'r ddawns ddiddiwedd,
a thro arall, llofruddiaeth,
a chyrff meirwon, a Chilmeri.

2.6.98

GORFFENNAF

42. *Anadl Llywelyn*

Mae'r ffin yn y cyffiniau,
pridd ei gwytnwch yn parhau
i serio'i hanes ar wyneb
erwau ein hiaith, ein tir neb.

Isel anadl Llywelyn
yw'n hiaith uwch y meini hyn,
yn herio mwy i'w siarad
a chyffroi uwch ei pharhad.

Rwy'n ei dal, ei dyfalu
yn law plwm, yn wely plu,
ein henaid, ein cyfrinach,
yn wrid byw, yn gariad bach:

'n eiliad, yn gennad, yn gân,
yn llewyg, yn dylluan,
yn ochenaid cofleidio,
yn fraw, 'n ddafnau glaw, yn glo

marw, yn gwlwm hiraeth,
yn awr wedi'r wawr ar draeth,
yn chwedl ein cenhedlu,
'n awelon tân, yn lond tŷ:

yn gasgen, yn gyflenwad,
'n oglau iaith, yn ganu gwlad,
yn rheg ar garreg, yn gri
yn achwyn drwy'r cromlechi:

'n adlais hud y chwedlau,
yn barhad, yn fywyd brau,
yn bris, yn ddewis, yn ddadl,
ni ein hunain, ein hanadl…

Isel anadl Llywelyn
yn fyw i ni yn fan hyn,
ym Muallt, ein llyw alltud
fu'n curo, curo cyhyd:

a'r ateb sy'n wefr eto,
'n rhaeadrau ar fryniau'r fro,
'n rhuthr a her, rhuthr a cherrynt
ymgyrchu'n gwaedu'r gwynt.

Rhwyga'r wawr drwy'r gororau
a'r haf o'i hôl yn cryfhau:
mae'n hiaith yn y meini hyn,
yn lle olaf Llywelyn.

Llanfair ym Muallt
Gorffennaf 1993

43. Awdl yr Inca Bach

(Donegal, Mehefin 1999)

Yn Nun na nGall mae gwin y gwan – yn gryf
    fel y graig ei hunan,
      a'r haul hwyr yn clymu'r lan
      a'r môr a'i rwymau arian.

Yma'r wyt a'r ddaear mor hen
â'r rhigol yn y gragen,
yn dweud y drefn wrth dy droed,
ei chwifio ar ei chyfoed,
gwenu, yna syllu'n syn
heibio i o leia' un blewyn,
at y tad yn dy lygad di,
yr henwr sy'n gwirioni
yn nrych pob un edrychiad,
yn dy weld yn gweld ei dad.

Dweud eu pader mae'r cerrig – ac o'r swnt
    dacw'r siant gyntefig
      fel awel oer o Slieve League
      yn canu'r ponciau unig.

Yma'r wyt, a'r môr a'i wynt
yn ei ddwrn – gwaedda arnynt –
pennau gwynion y tonnau
a chŵn y llanw'n pelláu,
gwna sŵn, paid diogi'n swil,
gwaedda ar y creigiau eiddil;
o'u dychryn, fe'u dihunir
yn syfrdan o'u hepian hir
i gadw'r mur, cadw'r cof,
rhag dreigiau du yr ogof.

Y wlad dan lifoleuadau – a red
    ar drydan y duwiau,
   a'r hen haul yn cadarnhau
   nad celwydd ei gelwydd golau.

Yma'r wyt, ac mae'r ateb
yn gloch ar y garreg wleb,
yn atseinio'n y tonnau,
a'r lli'n awr yn llawenhau
yng ngrym styfnig y gwymon
ac annwn dwfwn y don;
a'r haul ar fin ffarwelio
â'r byd oll o'i gerbyd o,
â bawd telynor torra
dy lofnod yn nhywod ha'.

Yn Nun na nGall mae tân y gerdd – a'i gwres
    ar y graig yn gyngerdd,
   ar nos o ha' ar Ynys Werdd
   bu Inca Bach yn bencerdd.

Gorffennaf 1999

44. Delweddau o Gymru

(Arddangosfa Celf a Chrefft, y Bala 1997)

[Yn ddu a gwyn, a'r cysgodion
yn ymledu'n furiau cell yn y co –
* ni phylai lluniau'n colledion.]*

Aber Henfelen
(i Iwan Bala)

Mae hi allan acw,
glan na fynnwn ei gweld,
yn cronni gan lanw ein cur a'n hatgofion:

ninnau yng Ngwales
ar arch ein pleserau,
teras tai ein cymdogaeth

yn rhannu gwledd, rhannu gŵyl,
rhannu eiliad ddiddiwedd
o ryddid ffug:

ar anterth y pleser,
wrth ddwad,
mae'r drws yn agor

a'r dyfroedd yn torri
yn donnau o gof, o gariad,
a chwys a chwerwedd

pob genedigaeth a fu erioed
yn ein golchi tua'r aber,
tua'r dŵr croyw.

Patrymau
(*i Marcelle Davies*)

Mae patrymau'r dyddiau
mor ddoniol, mor ddiniwed
a'u lliwiau yn gweu yn glytwaith:

y manion, y gwmnïaeth,
gwrid a dagrau ein taith
yn enfys ar gynfas brith:

wrth eu cofnodi
rhoddwn enwau iddynt,
lle a lliw i'w diffinio,

tra bod y gorwel
yn dal heb ei fedyddio,
yn ein disgwyl yn dawel,

a'r dyddiadur gwag
yn geg agored,
ac yfory'n chwerthin yn ein clyw.

Cariadon
Mor debyg ydym,
ac eto mor wahanol,
ac yn raddol,
aiff ein tafodau'n fud,
a chollwn y gallu
i ddisgrifio'n gilydd.

Arfau cariad
Mae'r gyllell a blennais yn ei galon,
a'r fforc yn ei gorff o'n
gwrido fel hen gariadon.

82

Dyfodol fy mhlant
Yn y gwyll,
yn y golau,
mae y blŵs gorau
yn canu:

lle bo trais,
lle bo trafferth,
mae 'na lais anferth
yn nadu:

gyda'r wawr,
yn yr heulwen
mae'r wir winwydden
yn cysgu.

Salem
I'w siôl fe ddaeth hen golyn – i guddio,
        y mae gweddi'r terfyn
    yn edau pob dilledyn
    ac angau yn lliwiau'r llun.

Branwen, 1997
Adar drudwy ar adain – y radio,
        yn trydar drwy Brydain
    gennad am barhad y brain
    a thwyll undod llwyth Llundain.

Tŷ ar y graig
Ar y graig arw rho'r geiriau – a thŵr
        yn llythyren ar lethrau:
    i fôr a thrai rho furiau
    cestyll hur y bur hoff bau.

Ar groesffordd
Arwyddbost i nunlla,
a lle bu enwau uniaith
yn cyfeirio'n taith,
y mae gwacter fel mudandod
yn ein harwain ar goll.

Y gadair
Saernïwn hi
yn ystol i hwyluso
ein beirdd i ddringo:

ond tan y cyfan
rhed olwynion gwancus
a thraffyrdd y peiriant nawdd.

Rover Café
Awyr fel Nebraska,
a rhyw lôn i nunlla
yn cyffwrdd cwr cymylau'r ha:

lorïau amryliw'n mynd heibio,
ac oglau'r coffi'n mwydo'n
tynnu'r cysgu o'r co':

gweddill siwrne yn aros,
yn filltiroedd o gyfnos,
a phob llwnc oer yn dweud – 'dos'.

Wal (wel meddai Wil wrthi)
Unwaith roedd lleisiau'n atseinio
o'i phobtu, yn cadw sŵn,
a sgrechiadau'r tafodau'n darfod
dan bawennau'r cŵn.

A'r genhedlaeth hon yn pedlera'r
rwbel yn greiriau drud,
mae creulondeb a chwerthin y meini
yn wastadedd mud.

Glöwyr
Cadwyni dwylo
a siacedi du
yn cau am gymdogaeth
oes a fu:

Cymdogaeth segur
a chadwyni brau,
amgueddfa ar agor
a'r cwm wedi cau.

Graffiti
Dyma iaith barod y mur,
afiaith y gerdd fyrfyfyr:

neu'r datgan cam diamwys,
lloffion dyddiaduron dwys:

adar rheg ar gornel stryd,
baw awen tabloid bywyd:

hen wae – cynghanedd newydd –
llofnod cerdd dafod ein dydd.

Gorffennaf 1997

45. Noswyl Gorffennaf yn Ffrainc

(1916 & 1998)

Y dyn sy'n taro deunaw
yw arwr brau caeau'r braw
heno, a'i fory'n dwnel,
mae'n ffugio i basio'r bêl
tu ôl i'r lein yn heini,
a charfan ola'n hogia ni
yn rhannu awr cyn i'r nos
waedu yn y marwydos:

yn ddeunaw, yn ddianaf,
yn chwarae'i ran ddechrau'r haf;
taclo a phenio'n ddi-ffael,
'rafu, cyn mynd i'r afael
â'r gelyn, twyllo'r gôli,
a herio ffrwyn y reffarî;
y meistr yn y tîm estron
yn herio'r wawr i lawr y lôn:

yn ddianaf mae'n trafod
y bêl, nid yw angau'n bod,
a'r gôl yn fuddugoliaeth
sydyn, a'r gelyn ddim gwaeth,
nes i'r wawr ddigysur wau
ei rhwyd am y catrodau,
a'u hel i'r ffosydd i guddio
a rhewi ias ei chwarae o:

a thrafod creithiau rhyfel,
saethu'r bom nid saethu'r bêl,

mae o'n awr, a'r cwmni oll
yn fainc gwŷr ar ddifancoll,
a'r chwiban ola'n galw
drwy'r bore gwyn arnyn nhw

cyn i'r cyfan ddiflannu
i fyncar y ddaear ddu:

yn y rhyfel mae'r gelyn
yn rheibio'n wyllt erbyn hyn
a'r hogyn coesau bregys,
a gwrid y drin ar ei grys,
yn rhoi cic ar gic rhag ofn
y galar ar gofgolofn;
yn y storm ar y maes daw
yn ddyn sy'n hŷn na'i ddeunaw.

Gorffennaf 1998

46. 1976

Hen luniau wedi melynu
dan lwch, o'r hogiau'n efelychu
Edward H mewn lleder du:

llond sêt gefn fy nghar cyntaf
o gyfoedion yn feddw braf,
yn dringo'r allt yn araf;

a'r genod yn gwersylla,
yn dal yr haul â'u coesa,
'on'd oedden nhw'n ddyddiau da?'

a'r niwl ar fryniau Dyfed
yn haf ar ddolydd melfed,
yn drowsus tyn melfaréd:

y ni oedd biau'r cyfan,
a Nia Ben Aur ac Osian
yn caru'n wyllt yn ein cân:

ond ar yr allt yn rhywle,
ar lwybr y sêr am adre,
roedd heddlu'n drwch hyd y lle:

damwain rhwng gwyll a gwersyll,
a gwaed yn wlith ar bebyll,
ac oes llanc yn sgythriad hyll

ar hyd y lôn: seriwyd y wlad
dan lygad oer y lleuad,
cau'r llen ar heulwen eiliad

Tir na nOg ola'r ynys,
a phopeth yn Gymraeg, yn grys
uniaith synhwyrus:

er taro heibio yn wibiog
i'r atgofion bawdheglog,
nid awn yn ôl i Dir na nOg;

daeth ffordd i osgoi confoi yr allt,
Gododdin y llanciau hirwallt,
gwarchodlu y Gymru emrallt:

ond cawn gip drachefn cyn cefnu
ar siwrne olaf haf a fu:
hen luniau wedi melynu.

Gorffennaf 1996

47. Glöyn byw ar sêt gefn y car

(i Steve)

Arafu wnawn ni:
pwyllo, cynilo,
chwilio'r gofod rhwng geiriau,
y seibiadau,
am yr anadliad sy'n golygu'r cyfan,
sy mor lliwgar â glöyn byw
a lithrodd dros nos
i sêt gefn y car:

ac wrth yrru'n ddigwmpeini
ar lonydd y traffig tywydd braf,
er gwaethaf y corneli cyfyng,
y tagfeydd araf,
wrth edrych yn y drych
gwelaf haf yn cwhwfan,
ac yn llonyddu weithiau
pan fo'r haul yn cusanu'r gwydyr:

yn gorffwys wrth oddiweddyd,
yn cyffroi yn y llefydd llonydd:
a minnau'n agor y ffenest,
yn straffaglu i'w ryddhau:
glöyn byw, y goleuni buan,
a choch a glas ei symlrwydd
yn dal pelydrau dechrau'r dydd:
arafu wnawn ni.

Gorffennaf 1997

48. Bore ola' Gorffennaf

(i Martin)

Bore ola' Gorffennaf,
tymor arall yn trengi'n y dwylo,
arian byw yn dirwyn i ben:

Bangor fel y bedd,
hers yn troi am Ysbyty Gwynedd
i ddwyn pererin arall adre,

hogan ifanc yn disgwyl bws
yn beryglus o bert yn ei sbectol haul
a'i choesau gorau:

cymylau ewyn Guinness
yn diferu dros ymyl y mynyddoedd
ac oglau petrol lond y car:

cadw oed lle mae pob ffarwél yn brifo,
yn cleisio'r galon,
cyrraedd y groesffordd,

ac wrth i lygaid dieithriaid
ac ambell gydnabod
gyfarfod a gyrru heibio,

am eiliad a ddarfu, yno,
rhwng dau gar ar gyffordd,
lygad yn llygad â haul Gorffennaf,

mae 'na hen ddicter yn cynhroni,
yn cenhedlu'n y gwres estron
yn deor yng nghesail corneli;

a llysnafedd Gorffennaf arall,
yn glynu'n styfnig ym mlaenau'r bysedd
pan fo'r haf yn gorffen.

Medi 1992

AWST

49. Oen yn Awst

(i Emyr)

Un oen ar dorlan ei haf
yn anterth ei Awst cyntaf,
yn syllu'n bell i'r cae pellaf,

heibio i fref yr hen ddefaid
a lloer llugoer eu llygaid,
fe wêl o, heibio i'r haid,

gatrodau canhwyllau'r nos
ddiengyl ddaw i ddangos
unigedd yn llun agos:

esgid mewn byd ar wasgar,
un bert a fu'n un o bâr
yn gomon o ddigymar:

dolïau yn garnau o gur
a'r glaw distaw, di-dostur
yn bodio'u dillad budur:

hen gar yr hogiau'n gragen
a gŵr balch yn gwyro'i ben
i wylo ar linell felen:

poster ar dalcen teras
a rhwyg enfawr drwy'i gynfas,
ac oglau gwlyb y glaw glas

am yr oen, yn ei ffroenau,
am ei haf cyntaf yn cau'n
dirwedd o erchyllterau:

eto, yn Awst, oen a wêl
heibio i'r brifo a'r rhyfel,
gae arall ar y gorwel.

Hydref 1994

50. Iolo

(Eisteddfod Bro Ogwr, Awst 1998)

Fo yw'r gân ym Morgannwg,
a'r gwin sydd yn herio gwg
y geiriau yn y garreg,
a'r dôn, a'r ffrwd ara' deg,
y wên rhwng y llythrennau,
y wisg, a'r ferch sy'n ei gwau,
y mapiau'n gwlwm hapus,
llawysgrifau, llyfrau, llys,
y teledu, y tlodi,
y nos yn fy nghalon i,
y carcharor croch, chwerw,
y wraig deg a'r gwdihŵ,
y daith i'r cwm diwethaf,
a hen ddail ar ddiwedd haf,
yr orsedd a'r gyfeddach
rhwng y beirdd, a'r angau bach;

fo 'di haul y gofod hwn,
Iolo yw'r oll a welwn.

51. Yr Wyddfa

(i Emyr)

Mae'r criw yn ofni'r diwedd,
yn fud a gwaedlyd eu gwedd,
yn wylo'n ddiymgeledd

o ganol ei chlogwyni,
a daw crawc cigfran, daw cri'n
ddiamynedd o'i meini;

a'r môr sy ar goll heb orwel,
a'r don dan wymon yn hel
ei hateb i hen botel:

a rhywle yng nghŵyn yr wylan
y Fenai sy'n llifo'i hunan
a baw a mwd ym mhob man:

y llynnoedd tywyll, unig
nad ŷnt yn rhai i ddal dig,
sy'n gynhennus wenwynig:

mae hen goel yn y moelni
bod eryrod Eryri'n
heidio uwch ei hamdo hi:

ond er cawod, er codwm,
er maeddu llain ffermydd llwm,
er chwalu gwrych a chwlwm;

er anian gwŷr ariannog,
mae mynydd, cwm a mawnog
yn rhan o we Tir na nOg,

a'r allt, a'r adar alltud
yn wenoliaid yn dychwelyd,
a'r Wyddfa'n Wyddfa o hyd.

Awst 1998

52. Aberystwyth – haf 1998

Y tonnau sy'n wyllt heno'n
torri'r bae'n deilchion tra bo
tro'n y ddaear a chariad
afradlon yn gwlitho'n gwlad,
a rhimyn lloer ym Mhen Llŷn
a'r ha' yn meddwi rhywun,
a'r hen galon aflonydd
yn rhyddhau cadwynau'r dydd,
a chriw'r môr yn chwarae mig
â thonnau'r traethau unig;
a daw y nos gyda nhw
a chawn y t'wllwch hwnnw
yn gwrlid ac yn gorlan,
yn wely aur ger y lan;
a ninnau'n noeth, i'n neithior
daw mil penceirddiaid y môr.

53. Bardd

Fuodd o 'rioed yn un i aros yn llonydd yn hir iawn.
Deuai'r anniddigrwydd heibio'n amlach wrth fynd yn hŷn.
Llifai'r môr drwy'i wythiennau.
Roedd crwydro yn ei waed fel curiad sodlau i lawr
    coridorau gwag.
Ofn gweld y tŷ haearn yn cau amdano,
a gorfod chwysu yno'n gwrando'r parti ar ei anterth drws
    nesa'.
Mynnai roi ei ysgwydd yn erbyn y mur a thorri allan,
mynd ar wasgar i ddathlu'n cyd-fyw cymhleth, cyffredin.

Ond nid crwydro i'r mannau diarth, digyfeiriad.
Yn hytrach cyrchu'r mannau cyfarwydd.
Fel Hywel ab Owain Gwynedd yn dilyn
Gwenllian, Gwerfyl a Gwenerys
i drefydd Meirionnydd, Maelienydd a'r Mers.
Neu Owain Cyfeiliog a'i deulu yn danfon ei gennad i
    ganu
eu dyfod o Geri i Arwystli, o Benweddig i Faelor i Fôn.
Clera er mwyn cael aros noson neu ddwy,
yna i ffwrdd eto lle rhedai'r llwybyr.

Wedi cyrraedd, ar ôl yr oriau ofer
yn y tir llwyd rhwng gwyll a gwawr,
taflu ei wallt yn ôl a chwerthin
yr hen gysylltiadau a chwedlau.
Dal yr enwau fel danteithion ar flaen ei dafod,
a chwarae â'i fysedd drwy wallt aur hen gwmnïaeth.
Bwrw'r llythrennau i'r tân
a gadael iddyn nhw lifo'n iaith newydd ar hyd yr aelwyd.

Eu herio i ganu'n dyheadau mwyaf cyfoes a chyffrous
er mwyn eu llusgo, dan sgrechian weithiau, i'r ganrif
    nesa.

Mae'n cerdded y llwybrau a'u canu'n rhwydwaith o fan i
    fan.
Mae'n ceisio mapio'r anghyfannedd.
Hyd yn oed yno, daw'r llwybrau o hyd i'r wyneb.
Yn haen ar haen, fel y rhai o'i flaen daw eraill ar ei ôl.
Yn ei dro aiff yntau'n un â'i lwybyr,
a chanu ei gân a chanu gwlad â phob cam.

19.9.90

54. ...*am fod yr haul yn noeth*...

Mae'r seloffên sy am y sêr
'di cynnau yn ganhwyllau gwêr,
yn toddi yn belenni blêr:

mae twyni'r morfa mawr ar dân
a'r tonnau yn ronynnau mân,
mae gwrid eu lludw yn y gân:

mae'r nos yn goelcerth las i gyd
a sidanau y cymylau mud
yn llithro'n llaith o sgwyddau'r byd:

mae'r wawr yn llosgi'r croen i'r byw
a'r bore'n wreichion oer nad yw
yn ddim ond gweddill sigarét hen dduw...

55. Haf bach Mihangel 1997

Y Cyrff mewn tafarn wag
a Chymru, Lloegr a Llanrwst
am ennyd yn denu'r haul

drwy'r ffenest agored: drwy'r mwg
sy'n glynu ym mhob dilledyn,
gwaddol rhyw smociwr a ddaeth

i fwrw'i syched rhwng dwy fet:
ei fwynhau tra medra'i,
gadael i bob nodyn gydio a throi

tafarn wag yn theatr o gân,
yn Iwerddon o gitarau,
a'r drymiau'n daran drwy'r drws:

yn y golau hwnnw a ddeil
am eiliad, gan drywanu'r cymylau,
gall yr haf anadlu eto,

cyn i chwa oer, fel iaith ddiarth,
chwythu drwy'r drws yn llanast chwil:
a dwyn y gaea' yn ei sgil.

Aberystwyth
Mawrth 1998

56. Geiriau

Yn hwyr y nos
bydd geiriau'n dawnsio drwy mreuddwydion,
fel pysgod anniddig;

gan amlaf
yn frithyll chwim yn chwarae'r llif,
maen nhw'n llithro o 'ngafael,

gwn eu bod yno,
yn loyw dan y cerrig llyfnion, yn anadlu
fel cysgodion,

ond eto ni ddônt
i siarad yn uchel am gariad o'u dirgelwch,
maen nhw'n llechu'n dawel:

ond o dro i dro,
o ddyfnder y pyllau llonydd, heb rybudd
maen nhw'n codi,

yn neidio,
yn cyffroi'r dyfroedd, yn creu twrw,
yn fy nghadw'n effro:

o'u tywyllwch
mae geiriau'n cythru'r abwyd, yn cydio:
does 'na ddim fel deffro'n fore
a dal brithyll.

Medi 1993

57. Crëyr yn y cae

Nid yw hyd yn oed
ar lan y dŵr:
mae'r cae'n farrug,
yn galed fel trigolion
broydd y graig a'r llechfaen,

ond saif yno
fel soldiwr a adawyd
yn fyw, a'i gwmni'n gelain

i baratoi bwyd amrwd i'r brain:
o bell, gwêl ei gynefin,
y graean, a llif araf y dŵr,
yn dal i redeg, i dreiglo,
i greu sŵn fel dail yn disgyn

un unig fu erioed,
yn syllu'n hir i'r lli swnllyd
wedi'r storom,
neu'n diogi ar garreg
a'i brae'n crynu
o dan ddrych y dŵr,

eto, yn y cae hwn,
ymhell o'r afon,
fe wêl eisiau
y llu annwyl a'u lleisiau.

Hydref 1996

58. Y glöwr

(i Tony Conran)

Babi, ty'd i mewn o'r glaw,
ty'd mewn i glywed
y gŵr sy'n rhwygo geiriau
o berfeddion ei gorff,
yn eu cloddio fesul sillaf
o'i ymysgaroedd:

a ninnau'n eu hafradu
fel y glaw ar bafin Caerdydd,
yn slochian drwyddyn nhw
ar frys i gyrraedd
lloches y frawddeg nesaf:

babi, ty'd i mewn o'r glaw
i wylio'r glöwr
yn naddu pob gair o'r graig
a'u cyflwyno â'i ddwylo creithiog
yn gariadus gerbron y byd:

babi, ty'd i mewn o'r glaw,
ty'd i'w wylio'n
gweithio'r wythïen styfnig,
y talcen caled
a'r chwys yn rhedeg drwy'r geiriau:

a ninnau'n eu gwario,
yn eu harchfarchnata,
yn llenwi basgeidiau
ar frys gwyllt rhag i'r gyllideb nesa'
drethu'r tanwydd:

babi, ty'd i mewn o'r glaw,
ty'd gyda mi at geg y pwll
a'i groesawu i'r goleuni,
babi, ty'd i mewn o'r glaw
i glywed geiriau'r glöwr.

Caerdydd, Hydref 1995

CERDDI ELDORADO

59. Soy Gales

Dyn mewn poncho
a het sombrero
yn cerdded:

dyn mewn poncho
a het sombrero
yn canu:

dyn mewn poncho
a het sombrero
yn cysgu:

dyn heb boncho
na het sombrero:
lladron.

60. *Caru*

(sef 'pellter' yn yr iaith Quechua)

Dyma'r diwrnod hiraf
a deithiais i erioed,
heb glywed anadl ei geiriau,
heb glywed sŵn ei throed:

heb glywed chwaith ei cherydd
am imi anghofio dal
ei chusan rhwng patrymau
diniwed y papur wal:

dyma un daith a deithiaf
i groesi y pellter maith
rhwng dau sy'n rhannu gwely
o dan flancedi'r paith:

ac ni ddaw gwawr na gorwel
heb droi bysedd yr oriawr 'nôl
i gau y bwlch sy'n lledu
rhwng y copaon oer a gwres ei chôl.

Quito, 1 Hydref 1998

61. Mapio (I)

(Quito, Ecwador)

Gosod enw ar bapur,
cofnodi rhaeadr ac afon,
yr wyddor o hawlio tirwedd a lle:

yr wyddor a yrrodd
Iolo a Francisco de Orellana
i ddilyn llwybrau anghyfarwydd

i gyfeiriad arall,
heb wybod a oes ffordd yn ôl,
torri gair trwy goedwigoedd

a mentro'r afon
a lifai'n rhywle i'r môr:
saer y derwyddon a'r Sbaenwr cyntaf

i groesi tywyllwch de America
ar ddŵr yr Amazon tua'r dwyrain:
does ar y brodorion ddim angen mapiau:

lle bynnag yr ân nhw
fe wyddan nhw eu ffordd adre:
dydi llinellau ar fap

yn ddim ond cysgodion siapus
heb arlliw o'r haul:
pa ryfedd i'r Cymry

edrych mor wirion ar Iolo
wrth iddo dorri enwau ar ddalen lân?
Ar ganol y paith mae gŵr yn sefyll

mor unionsyth â charreg filltir,
yn gweld y lorïau yn gyrru heibio;
eu mapiau mor gyson

â'r lôn union o'u blaenau;
fe wêl y trenau a'r bysiau
yn cludo eu llwythi hwythau

yn ddiwyro i ben y daith,
yna troi a dilyn ei reddf
a llwybrau'r arwyddion llafar;

rhuthro'n ei flaen
wrth i'r enwau ddiflannu:
teithiwn ninnau tua'r dwyrain,

yn groes i'r graen,
a'r cysgodion yn ymestyn o'n blaen:
o leiaf fe wyddon ni o ble y daethom

(diolch i Iolo),
hyd yn oed os nad oes gynnon ni glem
i lle 'dan ni'n mynd.

62. Ll'nau sgidiau

Dau hogyn bach ar ben y byd
yn gweld palasau'r Inca i gyd;

yn gweld yr eira, gweld y sêr,
yn gweld trwy darth canhwyllau gwêr

crefyddau ac ymerodraethau llym
a droes y groes yn arfbais grym:

yn chwerthin am ben llwch y stryd
a delwau aur eglwysi drud,

a'r swyddfeydd uchel a'r barrios prudd,
tra'n gwerthfawrogi crefft y crydd;

yn chwarae triwant ar b'nawn Llun,
er mwyn siarad lol â duw a dyn,

a'r un o'r ddau yn deall gair
wrth sgleinio traed y Forwyn Fair,

eu sgleinio yn sandalau gwych
a thynnu stumiau yn y drych,

cyn cynnig am un sucré budr
troi'n sgidie i yn greiriau gwydr;

ac heb godi'u pennau, fe welant hwy
ogoniant sydd yn llawer mwy

na chofgolofnau elw a chlod:
mae dyn a duw yn mynd a dod

tra bod rhyfeddodau daear a ne'
wrth draed Alberto a José.

Quito, Ecwador
Hydref 1998

63. *Angylion*

Pan fo angylion yn hedfan heibio,
a sŵn eu dyfod fel dail yn gwlitho,
neu dwrw barrug ar ffenestri bro,

tra bo'r bechgyn yn eu brethyn benthyg
yn gyrru'r m'ogiaid adre o'r graig a'r grug,
fe dyr eu hehediad drwy'r siarad sarrug

yn belydr yn goferu drwy fwrllwch y bore,
i yrru ias o banig drwy draffig y dre;
pan ddaw curiad adenydd o gyrion y gwagle

a gyrru gwefr o dangnefedd peryg drwy'r fro,
mae pob sgwrs, pob anadl yn peidio;
pan fo angylion yn hedfan heibio.

64. Mwg

Mwg ar y mynydd,
heddlu arfog ar y lôn,
sôn am losgfynyddoedd
ar y teliffôn:

a llond cefn lori o ryfelwyr
yn wlân ac yn wên i gyd
ar gyrch at y gyffordd nesaf,
a haul Ecwador
yn gwrido'n wirion uwchben:

mynd yno i gau'r lôn maen nhw:
y lonydd a dorrwyd gennym ni
i sugno'r olew prin o'r pridd
heb dalu'r pris:

does arnyn nhw ddim angen lôn,
maen nhw'n gwybod y ffordd adre,
er na fedran nhw mo'i disgrifio i neb arall;
fe wyddan nhw'r ffordd adre:

does dim cerrig milltir ar y paith,
nac arwyddbyst drwy'r mynyddoedd,
dim ond y llwybrau
a wewyd gan y canrifoedd
yn frodwaith cyfarwydd;
a wasgwyd yn ddyfn
yn datŵs ar groen yr hen ddaear
gan draed y llwythau:

ond i'r rhai ohonom
sy'n dibynnu ar fapiau
a chyfarwyddiadau du a gwyn;
na allan nhw ddarllen arwyddion
y sêr diarth;
sy'n chwilio am gofgolofnau
a cherrig milltir
i'n harwain at y ffynnon nesaf
neu adre cyn iddi nosi,

gall un boncyff,
un arllwysiad o gerrig garw
ein gyrru ar wasgar,
yn gonfoi o gringos yn y llwch
a'r ddinas ddihenydd
yn dal mor bell ag erioed,
a'r nos yn cau:

a thra bo'r rhyfel ar ei hanterth
a sŵn tanio yng nghysgod yr eglwysi,
ni feiddiai'r llosgfynyddoedd hyd yn oed
dynnu ar eu sigâr
i oleuo ein ffordd adre.

65. Y truan

*(Ni ddysgodd y truan eto mai hud enwau a phellter
yw "gweld y byd". THP-W)*

Llanc o Arfon
ddeng mlynedd a thrigain a mwy yn ôl,
yn croesi'r Iwerydd
ar drywydd paradwys ffôl;

a'r enwau'n ei ben
fel sêr môr y de,
yn ei arwain yn hurtyn
o le i le:

yr un enwau
sy'n sibrwd eu haddewidion o hyd
ar yr ether anghyfarwydd
o ben draw'r byd:

yn llawn o haul
a chynlluniau hwylus,
o draethau a choedwigoedd
a brodorion hapus;

nes bod llanc arall o Arfon
unwaith eto ar goll
yng nghorsydd y byd,
yn y gwaelod isaf oll:

a Santa Cruz, Cusco ac Asunción,
Rio, Buenos Aires a Callao
yn llenwi'r ffenestri diddefnydd
yn ei ymennydd o.

66. Aur Periw

(Lima ar y Sul)

Ar foreau Sul
yn y capeli bach cul,
roedd ambell i enw,
ambell i air
yn chwythu'n egsotig drwy'r ffenestri llwyd,
yn siffrwd tudalennau'r
llyfr emynau:

fel aur Periw:

ond yn Lima ar y Sul
dan wawl fyglyd felen
yr awyr fonocsid
llwyd yw lifrai Francisco Pizarro
ar ei farch yn cyfarch
y fwlturiaid sy'n troelli uwchben:

ar y Plaza de Armas
ychydig selogion yn gorymdeithio
dan warchae gynnau'r heddlu
sy'n gwenu'n wybodus
tu ôl i'w sbectols tywyll,
sy'n llawn newyddion drwg,

ac o gyfeiriad yr afon
dyma orymdaith arall
yn chwalu diogi'r sabath,
genod yn cicio'u coesau
i gyfeiliant y band pres aflafar,
a'r masgiau yn crechwenu
ar weddillion rhwysg y concwerwyr,

a'r haenau euraid
sy'n disgyn fel hen blisgyn o'r waliau:

o dan y masg
mae'r wynebau brodorol
yn syllu'n ôl yn herfeiddiol,
a llwybr disglair yn arwain
drwy dywyllwch y 'pueblos jõvenes'
tua gwlad sy'n werthfawrocach
nag aur Periw.

67. Morloi

Lle mae'r tonnau'n torri celwyddgi yw'r môr tawel,
a glaw mân Lima'n crogi fel melltith ar yr awel:

yma lle hwyliai'r llongau yn llu aur o Callao,
mae trais yn tagu'r traethau a gwenwyn ydi'r gro:

cardotyn yn cribo'r tywod am sbarion pnawn Sul barus,
a'r gwynt yn sgertiau'r genod yn chwibanu'n
        drachwantus:

ac ar ymyl traeth Miraflores dau forlo wedi marw
yn gelain yr ysgarmes â grymoedd didostur y llanw:

a thu hwnt, un a oroesodd yn udo ar y cymylau,
a'r cerrynt oddi tanodd yn cadw twrw'r tonnau.

68. Eldorado

(…But red just goes to green goes red and then
then all I hear's the clock on the dash tick-tocking,
loose change in my pocket… Bruce Springsteen)

Wel mae'r lôn 'ma'n arwain i rywle, boi,
fe wela'i olau yn y pellter glas,
golau rhyw bererin arall
sy 'di penderfynu rhedeg y ras;
ac er na wna'i fyth ei ddal-o,
na nabod rhif ei gar-o,
mi wn i y bydd o yno
lle mae'r gorwel a'r llinell wen yn dod…

fe aeth yr arwydd diwetha' heibio
rhyw ddau gan milltir yn ôl,
mae'n rhy hwyr i newid cyfeiriad,
yn rhy hwyr meddwl troi'n ôl;
ddo'i fyth y ffordd yma eto,
'rioed 'di dod ffordd hyn o'r blaen,
ac fe wn i hynny heno,
fe â'r gorwel a'r llinell wen yn eu blaen…

ydi'r enwau yn golygu rhywbeth,
o San Ffransisco i Eldorado,
oes 'na unrhyw beth newydd yn y byd?
dim ond y golau ar y lôn sy'n newid,
yn newid fel y tywydd,
yn newid ei liwiau o hyd…

ac mae'n gwawrio arna'i o'r diwedd, boi,
yng ngoleuadau'r strydoedd oll

mai'r lôn ei hun ydi'r freuddwyd,
y lôn ydi'r ddinas goll;
lle mae'r trysor aur yn cuddio,
a'r holl gariadon yn noswylio,
fanno 'di Eldorado,
lle mae'r gorwel a'r llinell wen yn un...

69. Y llyn a'r brwyn

Unwaith
roedd yr haul yn codi
o berfedd diddiwedd y dŵr,
a phob gwawr yn agoriad
i wlad tu hwnt i'r gwledydd:

a chyda'r nos
byddai'r lleuad hithau
yn cadw'r oed â'r hen haul,
a thrwy'r cysgodion
byddai fory'n torri fel stori

sy'n fwy nag unrhyw bennawd,
a'r brwyn yn hollti
a wynebau'n syllu ar fore arall
yn llawn pysgod bach
a chychod, a gwyrthiau'n cerdded:

unwaith,
cyn i farchogion ac awyrennau
dorri'r llinyn bogail
rhwng yr haul a'r lloer,
ac alltudio cariadon,

cyn i'r llanw droi
y dŵr yn win chwerw,
a'r ynysoedd yn fusnesau;
cyn i'r milwyr baentio
sloganau ar y bryniau uwchlaw,

a chyn i'r llaid
glas a melyn guddio
gwaelod dibechod y llyn,
cyn i'r haul fygu dan y niwl halen
a'r lleuad dagu ar y llwch

roedd y llyn yn grwn
a chyflawn fel merch feichiog,
a thrwy groen difrycheuyn y wawr
torrai cri gyntaf
y baban yn y brwyn.

70. Olion bysedd

Ar sgwâr y pentref
lle mae cloc haul yr Inca
yn trio'i ora
i gadw'r oria
yn fwy cywir na chloch yr eglwys,
mae'r henwyr dan eu hetia
yn golchi'u bodia
yn y ffynnon:
pob un yn ei dro
yn crymu uwch y dŵr
cyn ei droi'n las
â lliw ei fôt;

yn rhoi ystyr newydd
i ddangos lliwiau,
tra bod y milwyr a'u harfau'n
goruchwylio'r llinellau
o wragedd lliwgar
sy'n bwrw'u pleidlais
i Vecino neu Salizar:
does ganddyn nhw ddim dewis,
mae democratiaeth yn orfodol,
yn bleidlais neu fwled
yma ar lan Titicaca
lle mae tyrau'r eglwysi

yn trio'u gora
i fwrw'u cysgod
ar demlau'r Inca;
ar sgwâr y farchnad
wrth fodio'r trugareddau,

mae pob bawd glas
yn dyst eu bod wedi estyn
help llaw i rywun,
tra bod y dwylo glân
yn disgwyl eu tro:
ond er mor galed
yw cysgodion

y gynnau a'r eglwysi,
dyw'r olion
ar y croen styfnig
ddim yn dragwyddol,
mi wnaiff olchi,
ac mae dŵr y ffynnon yn las,
gan inc y dyn gwyn,
a'u bodiau nhw'n lân
a hwythau am y gorau
i rwydo'r awyr a'r llyn,
a dal y pelydrau rhydd
fel cloc haul yr Inca.

71. Cysgodion (II)

Mae'n anodd iawn dwyn cysgod neb,
na hyd yn oed sylwi arno
yma lle mae'r haul mor uchel
â mwg y coca:

rhyw byllau o gysgodion yn unig
sy'n cydnabod bodolaeth
y bobol sy'n croesi'r sgwâr
ar fore Sul:

nid llofnodion hirion
bore o wanwyn heulog
dan lygaid barcud
ein haul gogleddol ni:

sy'n estyn yn gyhuddgar
tua'r cysgod nesaf,
yn pwyntio bys,
yn mynnu gwahaniaethu,

ond smotiau anllythrennog
yn glynu 'mhob cam,
ac eto mor unigryw
ag ôl bawd chwith.

72. *Bws i Bolifia*

Gwyliwch eich bagiau
eich cysgod a'ch cotiau,
mae'r gwalch celwydd golau
yn cydio'n y llyw;
mae'n troi at ei ffrindiau
yn cyfnewid trwyddedau,
a'i wên mewn dyfynodau
"rhwng diafol a duw":

stêm oer ar ffenestri
a'r bore'n mudlosgi,
mae'r tywyllwch yn tollti
dros ymyl y gwydyr;
llwch mewn llygaid yn genlli
a'r ysgyfaint yn codi
peswch neithiwr i gyfogi
yn graffiti budur:

dieithriaid, dewiniaid,
lladron lleyg ac offeiriaid,
a mamau'n belydrau tanbaid
heb damaid o ofn;
lleianod llawn llygaid
yn chwilio sach pechaduriaid,
a'r gyrrwr a'i giwaid
yn brêcio rhag ofn:

ond gwyliwch eich trugareddau,
fe wnawn nhw ddwyn pob dim ond cusanau,
rhwng tarmac a thrac ceffylau
wrth groesi y ffin,

llenwi ffurflenni dan luniau
o'r arlywydd, a cherfluniau
arwyr a fu'n hogi cleddyfau
ar ysgwyddau crwm, blin:

ac yng Nghopacabana
mae gŵr y caffi yn rhywla
sy'n uwch na chymyla
y coffi du bach,
a chyn i'r lôn droi am adra,
a'r paith uchel dieneidia,
mae'r gyrrwr 'di rhoi'r gora
i iaith estron a'i strach:

mae 'na lyn rhwng cysgod ac angau,
llyn sy'n llawn o belydrau,
llyn sy'n cynnig i ninnau
fferi rhad i'r tu draw;
a thros ddyfnfor a thonnau
a thrwy'r ewyn o wynebau,
fe ŵyr y cregyn a'r creigiau
yn union be ddaw:

maen nhw'n gweld toeau blêr cochion
sy'n uwch nag eira'r copäon
yn codi o'r paith fel boncyffion
rhyw goedwig fu ar goll,
ac mae'r gyrrwr yn dyrnu'r olwynion
er mwyn cyrraedd yn brydlon
y lle sy'n uwch na'r angylion
a thu hwnt i bob toll:

a thrwy El Alto a'r sbwriel
ac awyr denau'r lle uchel,
'dan ni'n cyrraedd fel awel
o le diarth a drud;
"senōr, mae'n wirion o dawel,
oes 'na derfysg neu ryfel?"
"na, dim ond gŵr dan ei gantel,
ar fws i Bolifia o hyd."

73. Awyr denau

Mae'n benysgafn,
a mwg ceir yn magu cur,
mae'n colli'i wynt,
yn dringo strydoedd;
ac o bell daw sŵn gwn
neu sŵn car
neu sŵn tân gwyllt;
mae'n rhy uchel i boeni,
ond mae'r lliwiau yn ei ben
fel siarad genod del
rhwng hanner nos a'r wawr,
yn mwydro ei ymennydd:

mae'n gysgadur
yn deffro'n rhy fore,
a drewdod y carthffosydd
yn ei ffroenau'n clochdar;
tri chaniad ac mae'n bryd
gwadu sancteiddrwydd y stryd,
dim ond sefyll mewn rhes
a gwylio'r osgordd

yn chwipio Fatima ar gefn jîp
i gadw'r oed â'i chreawdwr;
saer sy bellach
yn chauffeur i'r arlywydd:

mae'n rhaid i bawb gael byw,
ac mae'r pererin
yn dilyn tyrfa
a sŵn yn rhywla
fel band pres yn croesi'r Iorddonen:
pob gwaedd ar y trwmped
yn codi caead
ar drefn sy'n hŷn
na gwreiddiau eu gwareiddiad,
ac o'r arch,
fesul dau, fesul pedwar, fesul chwech,
daw milwyr a chadfridogion,

offeiriaid ac arlywyddion,
i gyd wedi eu harbed rhag y dilyw
sy'n golchi'n ffyrnig
ar lethrau'r lle uchel hwn;
ac yn eu harwain
Fatima,
a'i gosgordd o ynnau,
yn benysgafn,
yn siglo'n simsan uwch y lli,
ac yn neidio weithiau
wrth glywed clec rhywbeth tebyg
i dân gwyllt.

74. Blŵs bananas

'Dan ni i gyd
wedi bod ar gefn lori rhywbryd,
a milltiroedd o lwch yn ein gwallt,
i gyd wedi bod ar gefn lori rhywbryd
milltiroedd o lwch yn ein gwallt:
ffatri arian ar y mynydd,
newid mân i lawr yr allt:

'dan ni i gyd
wedi curo ar ddrws eglwys,
a gweld drws yr eglwys wedi'i gau,
i gyd wedi curo ar ddrws yr eglwys,
gweld drws yr eglwys wedi'i gau:
am bob un sy'n cofio'i adnod
mae 'na ddau sy'n ymbellhau:

'dan ni i gyd
wedi canu i'r Americanwyr,
mae'r Americanwyr yn talu'n dda,
i gyd 'di canu i'r Americanwyr,
mae'r Americanwyr 'di talu'n dda:
mae pob dime yn gynhaeaf,
a phob doler aur yn ha':

yn dymor meddwi a dawnsio
a chrïo a chofleidio,
yn dymor poeni wrth iddi wawrio
fod ôl y gwario yn dal yno…

'dan ni i gyd
wedi sgwennu am wraig onest,

wedi dysgu gwers ei gwenwisg hi,
i gyd 'di sgwennu am wraig onest,
a dysgu gwers ei gwenwisg hi:
ni ddaw hon heb gario blodau,
yn ara deg daw ei cherbyd hi.

75. *Mynd i lawr i Asunción*

Mae'n nosi'n barod, cymylau ar dân
wrth fynd i lawr i Asunción,
pob teithiwr talog ar sêt ar wahân
yn mynd i lawr i Asunción:

ac ar yr afon mae'r cychod bach
yn croesi'r llanw i Asunción,
yn troi am adre a'u rhwydi'n wag
a'r dŵr yn llwyd yn Asunción:

ac mae'n dal y tacsi ola drwy'r strydoedd oer,
gan dalu am y gwesty gora a'r llygaid lloer;
piano meddw'n arwain y ffordd adra
i Asunción …

ar y strydoedd llydan mae lleuad chwil
yn gweld y wawr yn Asunción,
a'r dynion gonest yn gweld y dîl
sy'n mynd i lawr yn Asunción.

76. Wynebau

(Teml Iachau Tiahuanako)

Mae yma boen a chywilydd
a cherydd mewn carreg,
yn syllu allan yn sychlyd
a mud eu gramadeg;

pob un â'i aflendid,
ei wrid a'i waradwydd,
yn gwingo 'nghaethiwed
di-weled y welydd;

pob pla a phob peswch,
pob salwch a thymer
yn wyneb mewn pared,
yn galed ei goler;

tra bod llwch y canrifoedd
a grymoedd y gwastadedd
yn gwisgo gwg newydd
ar rudd ac ar ddannedd:

i ganol yr oriel,
yn rhyfel o leisiau,
daeth wynebau yfory
yn obeithlu o liwiau

i lenwi pob congol
hynafol o'r deml
â'u meddyginiaethau
a'u moddion seml:

ac ar draws y paith llychlyd
mae celfyddyd y meini
a fu'n gwgu yn adfail,
yn sail i gartrefi;

a'r byd a ddiflannodd
fel llanw llyn y machlud,
yn fyw ac iach yng ngwên barod
y wynebau diglefyd.

77. Blancedi *(Guaranî)*

Cysgodion briw yw lliwiau
gwaith y gwragedd hyn sy'n gwau,
barrug glas lle bu'r cleisiau:

ar y Plaza de los Héroes
mae'r blancedi aneiri'n aros
yn ferw dan haul fore hyd nos:

pob edefyn a'i luniau,
a'r edau'n her o dynhau
y paith trwy dro y pwythau:

siapiau y geiriau'n gwawrio
o'r newydd, yn saernïo
bwcwl o aur lle bu clo,

a thrwy borth rhudd y gorthrwm
daw yr iaith fel curiad drwm
cywilydd, a rhoi cwlwm

yn nyfal batrymau'r galon;
yn ninas swrth Asunción
mae lliain cywrain y co'n

obaith ar sgwyddau'r bobol,
mae gwead traddodiadol
yr hen iaith yn bwrw'n ôl.

78. Llongau

Ar un o'r dyddiau hynny
pan oedd pob cân ar y radio,
o Maggie May i Dock of the Bay
yn torri craith drwy'r galon,

roedd o'n croesi'r ffin
o Baragwai i Brasil
yng nghwmni dwy o longau'r lôn
a'u lifrai coch ac arian

yn disgleirio yn yr haul
a'r gwynt yn wylo
dan ffrogiau eu holwynion:
yntau fel gwennol y môr

yn gwibio rhyngddynt,
o'u blaen, o'u hôl,
yn chwilio lloches eu hwyliau
ar y daith o lyn yr haul

i'r dyfroedd mawrion:
cafodd eu cwmni am filltiroedd,
a hwythau'n gweu'n osgeiddig
trwy donnau'r traffig,

ac heb dorri gair
gwyddai eu bod hwythau
yn mwynhau gwibiadau'r wennol,
yn chwerthin yn uchel

uwchben ei phatrymau ffôl:
ar gyffordd unig
clywai utgyrn eu ffarwel
yn dilyn ffordd arall.

79. Croesi'r ffin

Nos fel llwch
a sbwriel yn drwch
a thân siafins yn c'nesu
dwylo'r rhai sy'n chwarae cardiau
tra'n disgwyl i'r heddlu
roi trwydded i groesi:

cynffon o oleuadau ceir
yn llusgo tua'r Ponte de Amizade,
pont cyfeillgarwch,
a blinder yn guwch ar eu hwynebau:
pawb yn pysgota'u pocedi
am y darnau papur

a rydd yr hawl i gyrraedd rhywle.

80. Plentyn mewn llun

Plentyn mewn llun, mor llonydd
â'r graith a rwygai ei rudd,
yn ei boen, ei wyneb ef
a waeddai ei ddioddef:
hidlo baw wna'r dwylo bach,
ei grafu i fyw'n gryfach:

plentyn mewn llun, mor unig
yn y dorf, ond ni ddaw dig
yn darth hyd ei lygaid o,
er i ofid ei frifo,
ei obaith a gudd greithiau
ei groen briw a'i esgyrn brau:

plentyn mewn llun, lle unwaith
y bu haul, mae heddiw baith
anial a gwlad newynog,
yn llwm dan ormes ein llog,
a'n moethau yn ymwthio'u
llwch hyll i'w dawelwch o:

plentyn mewn llun – un funud
iddo ef yw heddiw o hyd,
un eiliad o barhad brau
i oedi rhwng gofidiau,
un gri yn erbyn y gwres,
un ennyd ar gwr hanes:

plentyn mewn llun – yn llenwi
â dyrnau noeth ein gwacter ni;
ei boen yw ein dibyniaeth,
yn ei gell rŷm ninnau'n gaeth –

ein rhyddhad – cael dweud rhyw ddydd –
plentyn mewn llun – llawenydd.

81. Y dŵr mawr

Yn y dechreuad yr oedd y dŵr:

rhedwch yma bobol,
o'ch gerddi bach taclus a'ch swyddfeydd,
o bedwar ban byd;

at lle mae'r gwenoliaid
yn sglefrio'r enfys,
a'r dŵr diddiwedd yn gwlitho'r byd:

rhedwch
ar eich sodlau simsan,
yn nhraed eich sanau;

gollyngwch eich arfau,
eich pladur, eich cyfrifiadur a'ch pin sgrifennu,
teclynnau a thegannau eich gwareiddiad;

cuddiwch lensys eich camerâu
rhag i'r gwlith eu cusanu
a'u dallu â'i ddiniweidrwydd:

tyrrwch yn eich ceir tacsi,
eich hofrenyddion a'ch cychod rhwyfo,
ac fe welwch lle mae'r enfys yn cychwyn:

rhedwch
o'ch penderfyniadau digywilydd
am fomio'r gwledydd,
disodli'r arlywydd hwn,
y cadfridog acw,
rhedwch
rhag eich polisïau
a gwacter eich gweddïau,
tyrrwch
yn gardinaliaid
a darlledwyr dienaid,
cythrwch fel moch Gadara
ac fe welwch lle mae'r enfys yn disgyn
a'r aur yn ymffurfio
o'r dŵr a'r goleuni,
a'r mil gwenoliaid yn ei gyrchu

yn bur gerbron yr haul:
bu yma o'r cychwyn,
yn bair yn berwi:

sefwch yn ei ganol
a chamu yn fud a dianaf
yn ôl i'r goleuni:

rhedwch
a chrïwch;
fel y brefa'r hydd am yr afonydd dyfroedd.

82. Crist Copacabana

Mae O'n rhy bell i ffwrdd
i fwrw ei gysgod
ar y cluniau a'r bronnau noeth
sy'n addoli'r haul:

"senōrita, o'n i'n methu setlo i lawr,
fe ddois i yma,
i ben y mynydd mawr,
rhwng y nef a'r traethau,
er mwyn edrych i lawr
ar Copacabana..."

mae O'n rhy uchel
i neb sylwi
ar y trugaredd sy'n tywynnu
ar Janiny ac Angelina:

"senōrita, fe fedra'i ogleuo'r glaw
yn codi o'r gwres sy'n disgyn
o'r 'favella' Vila Canoas,
a 'ranch' y proffwydi,
fel mwg y mariwana,
yn felys a chyfalafol..."

mae O'n rhy amlwg
i neb ei gamgymryd
am ddelwedd seliwloid
o fôr y de:

"senōrita, fe gewch chi lun,
wna'i ddim gwrthod,

mae 'na luniau gwaeth
na chroeshoeliad yn bod..."

mae O mor gyntefig
â chroes a hoelion,
a bargen y genod
rhwng y gemau a'r gwymon.

83. Y Diflanedig

Augustin Ramirez (5.6.88)
Ar fore Sul byddai yno
yn y barrio San Telmo
yn cynnig sgets fyrfyfyr
am ugain peso
i'r twristiaid fyddai'n llusgo heibio
a rhyddid rhyw wlad arall
yn drwm ar eu dillad:

ac â'u doleri cynnil
âi i chwilio llyfrau prin
ar rodfa Libertad.

Miguel Bru (13.8.93)
Yn cythru ei ffordd drwy'r tyrfaoedd
i regi'r Boca Juniors ar bnawn Sul,
glas ei grys yn fwy na'r awyr,
a'i lais yn hedfan
yn dân gwyllt drwy'r terasau:

daeth ei frawd bach adre hebddo,
a'r Sul yn llawn heulwen
a baneri buddugoliaeth:

ar y Plaza de Mayo
mae'r hogia'n dysgu'r grefft.

Maxi Maidana (12.7.97)
Oglau olew La Plata ar ei ddillad
a heli'r môr yn ei wallt,
a phob nos byddai Rosata
yn ei gega am ddod adre'n drewi:

fe wyddai nad chwarae cardiau oedd o
y nosweithiau hynny,
a hithau'n methu cysgu:

roedd hi'n cysgu'n iawn bellach
ac oglau perlysiau'r de
ar ei dillad gwely.

Sergio Duran (6.8.92)
Tynnai ei ffrindiau ei goes
am iddo ddewis dawnsio'r tango
yn lle roc a rôl:

bob nos Wener
gwisgai ei lifrai gyda balchter
a diddannu'r Americanwyr
yn y Viejo Buzón,
yna dawnsio adre yng ngolau'r lleuad
drwy gysgodion y strydoedd:
mae o'n dawnsio yn rhywle o hyd.

Damian Esquivel (29.1.97)
Edrychai fel Dylan Thomas
yn gweini mewn café,

a phob bwydlen yn ddarlleniad,
yn gyflwyniad llafar:

y shifft prynhawn oedd yn ei siwtio orau:
bryd hynny deuai'r bysgwyr
a'r beirdd am baned,

i gynllwynio'r cyrch nesaf
ar bocedi'r twristiaid:
roedd o'n gartrefol yn eu cwmni.

Enwau mewn paent
yn cylchu cofeb
yw'r cyfan sy'n aros:
a lle bu llinellau bywyd
yn gweu patrymau amryliw
ar strydoedd y ddinas,
mae amlinell wen a dyddiad
ar bafin y Plaza de Mayo
mor derfynol â'r cysgod sy'n weddill
ar ôl y bom.

84. Morfilod

Cefnau, cefnfor,
a meirch addfwyn y môr
yn dod fel enfys o'r dyfnfor:

llong wedi colli'i hangor
a'i hwyliau ar wasgar
ym mhen pella'r byd:

tywyll, tawel,
a llynnoedd eu terfysgoedd fel
anadl mewn twnnel:

fe ddaethant i'w croesawu,
y fintai gyntaf
yn chwilio'r cynhaeaf drud:

codi, cadw
rhamant hir eu cerrynt nhw'n
llawenydd drwy'r llanw:

dyma gewri'r arfordir,
a fu'n cyrchu Patagonia
er y don gynta i gyd:

chwiorydd yn chwarae,
ond yng nghanol holl bobol y bae
mae eu cyfrinach dan warchae:

llynges lle bu un llong,
a llygaid awchus y camerâu
yn dwyn eu heneidiau nhw i gyd:

trai, trio
dal y llif heb adael ei llo
ar drugaredd y dŵr rhwydo.

85. *Y weddi*

(ar ôl THP-W)

Gwesty diarth, llygaid hardd,
llais y pellter yng nghalon bardd,
a thrwy fwg swnllyd y teliffôn
mae dinas arall i lawr y lôn:

cysgod angau, canu caeth,
deryn terfysg yn cerdded traeth,
ac ar y gwifrau blin mae cur
y diflanedig yn dod drwy'r dur:

'Clywais hi'n gynnes o'm hamgylch,
mwynheais ei chyffwrdd swil,
a gwn pwy a'i gyrrodd i grwydro
o Gymru i gyrrau Brasil...'

Llain las a bryn crwn,
wyddost ti ddim am hyn mi wn,
ond rhwng y nos a'r gawod sêr
fe ddaeth yr iaith fel ffarmwr blêr.

86. Beddau (Trelew)

Dyma fro'r hydref,
a'r cactus yn blodeuo
ar feddau'r plant
ym mynwent Moreia:

nid oes enwau,
buont farw cyn eu bedyddio,
a dyma eu cynefin cyntaf
ar lannau'r Chubut;

yn eu plith,
yn eu gwarchod,
Moses Jones o Benybont,
a adawodd ar ei ôl fawr hiraeth:

tri mis o fordaith
i farw yma'n saith ar hugain,
a'i lwch yn fwy gwerthfawr
nag unrhyw addewid a wireddodd;

y brawd mawr
yn gwarchod ei deulu bychan,
a'i enw o
a'r iaith a gludodd mor lew

o Gefn Cadfan i Drelew
yn siarad ar ran
y plant mud
dan flodau'r cactus.

87. Cwm yr angylion

Fe fûm i ddoe yng Nghwm yr Angylion
lle nad oedd dail ar frigau'r coed,
dim ond y gwcw yn dynwared
y pennill telyn hyna erioed:

yr oedd y niwl yn dechrau codi
wrth imi gyrraedd llawr y cwm,
a'r glöynnod glas yn gweu alawon
ar dannau lleddf y brigau llwm:

eisteddai'r ferch dan dderwen arw
ac ôl y daith ar wadnau'i thraed,
a choron ferywen ar ei thalcen,
a dafnau'r aeron fel y gwaed:

"A ei di â mi?" gofynnodd hithau,
"at y groesffordd lle daw gŵr
i'm hebrwng ar y cymal olaf,
a wnei di hynny?" "Gwnaf yn siŵr."

Cyflymai'i cham wrth iddi gerdded,
a chedwais innau gam yn ôl,
a dilyn llif ei choesau llyfnion
dan blygion cyfrinachau'i siôl:

cychwynnais sgwrs, am gân y gwcw,
a chŵyn y gwynt ym mrigau'r coed,
ond ni wnaeth hi droi'i phen nac ateb,
dim ond cadw curiad gwadn ei throed:

nid oedd enaid ar y groesffordd
wrth i'r dydd ffarwelio â'r cwm,
a chreithiai'r brigau lain ei thalcen
â llafnau eu cysgodion trwm:

am eiliad deliais fyw ei llygaid
lle nad oedd gobaith na rhyddhad,
dim ond rhyw hiraeth tywyll, tawel
am ddiwedd taith a thrugarhad:

o'r dwyrain daeth ei gysgod diarth,
yn symud fel cymylau glaw,
a charnau dur ei farch yn chwipio
enfys o wreichion yn y baw:

heb oedi estynnodd fraich i'w chodi,
diflannodd hithau i'r corwynt llwch
gan adael dim ond dafnau'r aeron
ar frigau gwelw'r coed yn drwch:

ni welaf eto Gwm yr Angylion
na'r pedair heol at y lle,
ond gwn y bydd tannau'r telynorion
yn dal hen alaw yn eu gwe.

Medi 1998

88. Cewri

["…Un dydd, heb i neb ei ddisgwyl, fe welsom gawr,
ar lan y môr, yn gwbl noeth, yn dawnsio a neidio, a
chanu, a thra'r oedd yn canu, yn tywallt tywod a
llwch am ei ben. "

Antonio Pigafetta (1519-22)]

Ar lan y môr ger traeth Porth Madryn
mae delw fawr yn dallu rhywun,
ac ar ei blaen mewn Sbaeneg perffaith
mae eglurhad am ein halltudiaeth:

ar lan y môr lle tyr y tonnau
yn llawn gobeithion daethom ninnau
dros y cefnfor i'r tir anial
ar lanw oer a theid anwadal:

ar lan y môr mae mwyn emynau,
ar lan y môr mae torri beddau,
ar lan y môr mae'r cewri cedyrn
yn gyrru'r wasg i guddio'r esgyrn:

ar lan môr mae llwybyr troellog
trwy'r llwch a'r llaid a'r tir blinderog,
ar hyd y daith mae croesau bychain
yn dangos lle mae'r lôn yn arwain:

ar lan y môr does dŵr na ffynnon
na hogan dlos na chregyn gleision,
'mond cofeb falch i'r twyll a wnaethpwyd
yn hanes ein cydwladwyr rhywbryd.

89. Teithio

*[Borders are as many scars, in places still sensitive to
the touch, likely to erupt unexpectedly, over which
one is never too keen to linger:*

Breyten Breytenbach]

Mae'r drefn yn hawdd,
y llyfnder wedi ei gynllunio –
o'r car i'r trên
i'r awyren sy'n aros:

mynd gyda'r llif,
y llanw a thrai o wynebau,
pob lliw a llun ar ddynoliaeth
a'u golwg tua'r gorwel:

wnawn ni ddim cyffwrdd â'r ddaear,
ddim disgyn
nes bo'r haul yn codi
a'r gorwel fel rhyfel o liwiau,

lle bu'r angylion yn paentio'r awyr:
ac mae'r nos yn ein dilyn,
cysgod nos yn ein dilyn
lliwiau'r nos yn ein dilyn

tua'r gorllewin:
ac i fyny yma does dim ffiniau
na dinasyddiaeth,
dim ond yr awyr ddi-grych

uwchlaw'r cymylau:
medrwn drafod cyfaddawd yma,

151

rhannu cyfamod,
bod yn rhydd i fargeinio am heddwch,

ond eto,
wrth ddisgyn,
a'r wawr o'n hôl yn dwyn cysgodion,
a fentrwn ni

smyglo feirws peryglus ein hiaith
o'r gofod,
a thrwy borth diogelwch
heb ei ddarganfod?

allan acw,
tu hwnt i'r drysau trydan,
mae ffiniau ac acenion a thiriogaeth
yn barod i ffrwydro'n ein clustiau:

oedwn am ychydig,
yma yn nhir neb,
dan olau synthetig y maes awyr
lle mae'r unigrwydd yn aflafar.

Iowa, Ebrill 1997

TACHWEDD

90. *Cywydd mawl brodyr Bod Iwan*

Mae duwiau ym Mod Iwan,
duwiau'r gair, brodyr y gân,
yn dduwiau traed ar ddaear,
duwiau gwyllt, eneidiau gwâr:
Gerallt, sydd yn dallt y daith
yn ôl i Fadryn eilwaith;
ac Edmwnd, Edmwnd a ŵyr
fod twrw'n sŵn a synnwyr;
y dŵr mawr, yr adar mân –
maen nhw yng nghwmni Ieuan:

Bu dau wrth fwrdd Bod Iwan,
dau a'u hiaith yn llwch ar dân,
mwg o iaith ar y paith pell
a Chamwy yn ei chymell;
dau'n dod drwy'r genod i gyd,
drwy'r afon fudur hefyd;
drwy'r dinasoedd, cyhoeddi
bod twrw un ym mhob tri;
dau yn sôn, fel dynion dall,
am dwrw cwmwd arall:

Daw awel i Fod Iwan
drwy'r dail, a'r hendre ar dân,
a daw'r ffos a dŵr y ffydd
drwy fywydau'r hafodydd,
llwyn o fyrtwydd a llannerch,
a mwg fel gwahoddiad merch,
rhagor o win, oen ar groes,
mae'n nos yn Gaiman eisoes.

155

Heddiw'n ddoe, yn ddiwahân
mae daear ym Mod Iwan.

Dyffryn Camwy
Tachwedd 1998

91. *Gwledydd*

Mae rhyfeddod y gwledydd
yn gybolfa i gyd,
o baith a lle uchel,
a'r dŵr mwya'n y byd:

mae'n bobol a siarad
a photeli'n hwyr yn y nos,
yn llwch lorïau a threnau,
yn ddrygioni'n llygaid merch dlos:

mae'n aur a thrugaredd,
mae'n sedd ar fws llawn,
mae'n stryd beryg liwgar
ar ddiwedd prynhawn:

ond i rai nid yw'r gwledydd
ond ystafell a ffôn,
a marchnad arall a mynwent
ar ochr y lôn.

92. *Disgwyl trên yn Nahuel Pan*

Gwynt ciaidd ar y pampa crin
a neb ar yr orsaf yn aros,
dim ond ceffylau yn rasio â'r nos
a'r lleuad uwch llyn y fflamingos:

codi gitâr a chroesi'r trac,
mae'r ieir yn pigo'n y golosg,
ac wrth i haul yr Andes fynd lawr
mae 'na orchudd y mae'n rhaid ei ddiosg:

un waith y daw cyfle i ddal y trên,
ac unwaith yn unig y cawn groesi
y paith sydd yn fyw ac yn farw'r un pryd,
a sêr nos y de yn gwreichioni:

maen nhw i gyd yn fy nisgwyl ar fore Sul,
yn gysglyd a chul dan eu hetiau,
a'r iaith yn eu pennau fel holl aur Periw,
a'r paith fel briw dan eu bronnau:

ond 'di'r gwynt ddim yn peidio,
mae'n chwipio'r cledrau â'i fflangell,
ac ni ddaw'r trên heno i gysuro
un sy'n gwylio o hirbell

y cymylau a'r ceffylau yn rasio a'r nos
a'r cysgodion uwch llyn y fflamingos,
ac atsain emynau mewn capeli bach
a'r felan yn chwiban y gauchos.

93. Bwtsh a Syndans

Dau frawd blêr
dan y sêr diarth
a hetiau'r paith

yn dilyn y lôn
a'r teliffôn yn tywallt
ei ofid dros y moroedd maith:

mae tŷ gerllaw,
a'r glaw a'r awel
yn eu chwythu drwy'r drws

i yfed y gwin
drwy'r gwellt crin a'r crïo:
mae blas mwy ar y wisgi a'r blŵs;

â delw o Grist
yn edrych yn drist ar drywydd
digyfeiriad y ddau,

mae eu chwerthin mawr
fel persawr bywyd
yn cydlawenhau;

y brodyr tal,
a wal wen newydd
rhyngddynt a'r byd,

a'r lôn ddi-droi'n-ôl
a'i roc a rôl yn rhuo
tua'r gorwel o hyd...

Caernarfon, Tachwedd 1998

94. Mapio (II)

(Esquel, Patagonia)

Does dim map o ddyffryn Camwy,
er mor daclus a diymdrech
yw'r coed poplys a'r camlesi
a'r dŵr yn llifo i'r lle y myn:

ac allan ar y paith
lle mae'r gwynt fel pladur creulon
yn cribo pob bywyd o'r pridd styfnig,
nid oes ond cwmpawd y sêr

i dywys marchog
a'i gynffon o gŵn tua'r gorwel;
mor anghyfarwydd ydan ni yma
yn ein ceir anghyffyrddus,

heb neb i'n harwain,
heb ddeall yr arwyddion,
a'r gwynt yn dwyn ein hanadl
ar Ryd yr Indiaid,

ond eto rhywsut,
yn flinderog ac yn fyglyd
fe ddeuwn i'r cwm hyfryd
a gweld â llygaid llaith

yr eira ar y copäon
yn torheulo'n welw;
a thrwy'r bwlch,
ar hyd y gwifrau trydan

daw syndod clywed sŵn
yr iaith fel agor hen greithiau,
cyn i'r gwynt ein sgubo unwaith eto,
ond eto, rhwng pob sgubiad,

mae pobol yn cwrdd, yn siarad,
yn caru ac anadlu,
ac o'u hôl maen nhw'n gadael
acenion llwybrau newydd yn y llwch llwyd.

5.11.98

95. *Y daith*

(Medi 1997 – Tachwedd 1998)

Nid yw diwedd y daith ond ei dechrau,
a'r lôn yn galonnau'n dal i guro,
a'r hen ddadleuon yn tanio sgwrs
sy'n c'nesu lleisiau ar b'nawn oer
a stêm ar y stryd:

mae 'na adegau o'r flwyddyn
lle mae'r golau'n trio'n galed
i beidio â chodi'i ben uwch y gwrthban,
dim ond swatio yno
yn gynnes a chlud:

doedd rhai o'r lleill ddim am fentro,
doedd y mapiau ddim digon da,
y lonydd yn llychlyd a garw,
ac arwyddion diarth yn arwain
y tu hwnt i'r allt:

tydi hi wastad yn brafiach
o flaen tân, a'r gaea'n t'wllu,
a rhyw wynt main yn dwyn atgofion
am oes a lle pan oedd popeth
mor hawdd ei ddallt:

lats bach, 'da'chi'n nabod y gân nesa,
ac fe ddaw'r penwythnos a'r un patrymau,
a'r lleisiau a'r ystrydebau treuliedig
mor gartrefol â bara brith
a phaned te nain:

ond fe ddaeth rhai ohonom o le pell,
lle tywyll a'r goleuadau'n pylu,
trwy groen ein dannedd
fe ddaethom ni oddi yno'n gyfan,
fel bwganod brain:

ac efallai ein bod ni wedi newid:
mae ôl llwch y daith ar ein dillad,
mae'r sgwrs yn wahanol,
yn llawn chwerthin annisgwyl
a siarad plaen:

achos ni fuom ni yma o'r blaen,
ac mae hynny ynddo'i hun
yn destun llawenydd:
medrwn gychwyn o'r fan hyn,
mae 'na ffordd ymlaen.

Tachwedd 1998

96. Cwch pleser

Llongddrylliad ar y llain galed
rhwng Tŷ Golchi a Llys-y-gwynt
ac Ysbyty Gwynedd uwchlaw'n
syllu'n ddiymadferth:

cwch allan o'r dŵr,
wedi ei olchi'n ddiseremoni
gan stormydd Tachwedd i ddioddef
llach y lorïau sy'n chwipio heibio:

yn raddol, fesul trai, fesul llanw,
bydd y trimins yn diflannu
yn olwynion a hwylbrennau,
yn offer soffistigedig a rhaffau brau:

rhwng Llys-y-gwynt a Tŷ Golchi
caiff ei olchi i'r asgwrn
ar draeth concrid y ffordd osgoi
a'r pïod yn dyst i'w noethlymundod araf.

Llongddrylliad ar lain galed y gaeaf,
diwedd oes ar draeth haf:
wyddom ni ddim lle na pha bryd y daw,
a phwy a wêl ein cyffro olaf

wrth oddiweddyd, wrth gyrchu neges,
wrth garu, wrth ymblesera, wrth fynd adref,
fe'n golchir i gyd yn y diwedd
ar drugaredd rhyw draeth,

a'r byd concrid, otomatig
yn chwipio heibio:
boed i ni roi gwên wrth basio,
wrth gofio'r fordaith, wrth deimlo'r haul.

Tachwedd 1993

97. *Ar ddarllen Brecht yn y bog*

Mae diwylliant merch siop y gornel
wedi treiddio dan groen ein stumog,
'dan ni i gyd yn gwsmeriaid, yn giw

ufudd, llonydd, yn llenwi
ein basgedi â phaté a bisgedi,
caws Cymreig a tagliatelle,

yn trafod mor lwcus ydan ni
yn cael byw mewn gwlad
heb fod yn Bosnia neu Golombia,

neu hyd yn oed Batagonia
lle mae'r iaith yn crasu
dan haul didostur y paith:

yr heniaith ar y paith pell:
neith honna'r tro
ar gyfer Talwrn nos fory,

ac fe gamaf yn nes at y cownter
a 'mhwrs ar agor
a 'mhres yn barod:

felly roedd hi
pan ddaeth rhyw chwa drosta'i,
fedrwn i'm dal, dim ond rhuthro

am y lle chwech agosa,
ymbalfalu yn fy melt a diosg 'y nhrons
cyn i betha fynd yn flêr

yna gadael i'r cyfan ffrwydro allan
fel Hiroshima:
cachu'r cyfan allan fel cyffesiad:

wrth ddadebru gwelais lyfr
yn llechu dan y llwch a'r llacs,
wedi ei guddio dan gopïau gwridog

Good Housekeeping a Marie Claire:
cyfrol fechan
a'i chlawr yn rhacs:

"Ar gyfer y rhai sy'n trigo mewn dinasoedd",
ac yn ara deg,
fel un yn ciwio wrth y til yn Tesco,

dechreuais droi'r tudalennau, ar stumog wag,
yn dechrau o'r dechrau eto,
yn darllen Brecht yn y bog.

98. Trolïau

Tro Alwyn oedd gyrru'r trolïau:

fe wyddai bod ei lifrai
a'i dei-bo yn mynd i gyfri,

ond wrth iddo gamu i ganol
byd hectig y maes parcio,
a'r wynebau blin, aflonydd

a rythai arno o'r tu ôl i'r llyw
neu drwy ffenestri llaith y ceir,
roedd o'n poeni am y praidd,

am y trolïau afradlon
a wasgarwyd ar draws ac ar led
gan noson feddw arall,

a lechai yng nghorneli pell y maes parcio,
y tu ôl i bileri'r archfarchnad,
a lanwyd â sbwriel y byd gwaredadwy

a alwai'n ddyddiol heibio'i Alwyn:
aeth at ei waith:
yn ddi-ffys, ddiffwdan,

a rhyfeddu unwaith eto
sut y deuai'r trolïau'n
ufudd at ei gilydd yn giang,

yn gadwyn a gynigiai ei chryfder iddo yntau
wrth iddo fentro i ganol

modurwyr diamynedd y maes parcio:

tro Alwyn oedd bugeilio'r trolïau,
wrth iddo yrru'r ddiadell o gyrion
cae swmera'r cwsmeriaid

medrai fentro cymryd ei amser,
loetran bob hyn a hyn
i gasglu ambell ddafad golledig,

a chynnig gwên a winc gynnil
i dewi rheg rhyw yrrwr:

tro Alwyn oedd hel y trolïau.

99. Byw

Dwyn car, a dianc i herio
dewisiadau drud y strydoedd,
dwyn eiliadau anweledig
o fod yn fyw:

dwyn cusan, dydi hynny'n costio
dim ar y farchnad ddu,
a dangos, drwy roi dy droed lawr,
bod modd i fyw:

yn yr oriau tawel, tawel,
yr oriau prin hynny
pan fo siopau'n cau,
'tyd i mi gymryd y llyw:

'tyd i mi ddangos i ti
y wefr nad ydi hi'n cyfri,
nad oes iddi bris ar y farchnad,
y wefr o hela'r dryw:

torri'r gornel, a dal dy anadl
yn sgrech dan y golau coch,
yn ddeigryn ar dy foch,
paid poeni cyw:

mae gennym hawl ar y strydoedd hyn,
y ni piau nhw, ar awr annaearol,
maen nhw'n ein tynnu ni
fel arian byw

tua'r canol, tua'r cyfoeth
sy'n chwerthin arnom bob nos
sy'n brolio'i hysbysebion,
yn cawlio ein clyw:

dal d'afael, dalia i gredu,
fe dd'wedodd rhywun
nad oes gennym hawl ar y sêr,
ond mae Duw

yn llond pob lle, yn gwenu arnom
drwy'r ffenest siop acw,
dal d'afael, dalia i gredu
mae 'na fodd i fyw

yr ochor arall i'r gwydyr grisial,
y tu hwnt i'r llenni lliw,
mae'r bendithion yn chwalu'n deilchion,
yn rhad fel rhyw:

dwyn car, a dwyn cariad
yn llond trol o helynt drud,
dwyn camera dan drwyn y camerâu,
a'r cyfan yn fyw.

100. Genod y 'til'

"Sti'r boi newydd ar y bananas,
y boi cloff a'r llygaid glas –
nesa plîs...

"Fe glywis i ei fod o'n chware mewn band –
faint 'di hwn Beryl? –
yli, na fo'n fancw...

"Dach chi isio *receipt*?
Mae'r bagia'n hanner can ceiniog –
ffiffti pi i chi..."

Ac o Sul i Sul mae'r llwybyr cul
yn eu harwain yma:

yn eu hoelio yma tu ôl i'r cownteri,
i rannu'r bara a'r gwin,

i'w dethol a'i didoli,
a thywallt yr elw
yn ôl i goffrau'r cwmni:

"O leia mae o'n siarad Cymraeg,
ddim fel y lein manager ddiawl –
glywis di amdano fo, Beryl...

"Na sori, fedra'i ddim,
fedra'i ddim newid siec,
does gen i mo'r hawl... stwffia di 'ta"

"Glywis di amdano fo, Beryl,
am y cweryl
rhyngddo fo a'r siwpyr?"

"Ie, am iddo fo feiddio
cymryd gafael mewn beiro
ac arwyddo deiseb Cymdeithas yr Iaith!"

Ac o ddydd i ddydd
mae'r farchnad rydd
yn ein clymu ni'n dynnach

ym musnes budur byd masnach,
lle nad oes gwerth ar ddim nad yw'n gwerthu,
lle nad yw pobol yn cyfri –

mae'n rhaid eu dethol a'u didoli
a thywallt y rheini sy'n methu'n
ddieithriad o'r neilltu...

"Sti'r boi newydd ar y bananas – fe gafodd o gam..."
eu tywallt fel ffrwythau llynedd
i garthffos ein digonedd.

101. Rhestr siopa

Yw un cnwd yn methu,
yw hagrwch pob deigryn,
yw hil yn tawelu,
yw seren yn disgyn:

yw gwynt traed y meirw,
yw gwrid ola'r machlud,
yw ha'n llosgi'n ulw,
yw colli un funud:

yw ffrind wedi torri,
yw cariad yn cilio,
yw nos ddigwmpeini,
yw rhywun yn crïo:

yw tocio hen gangen,
yw co'n colli gafael,
yw gwaith heb ei orffen,
yw iaith yn ein gadael.

102. O enau plant bychain

Rhaid imi gael saib
i dreulio'r peth,
perlau y geiriau gwirion
a daflwyd o'm blaen:

ym mhob pesychiad sinicaidd
sy'n rhwydo'r rhain
i'n brwydrau budur,
mae cyfog gwag

cenhedlaeth na chlyw
rythmau'r lleisiau
nad ânt fyth yn hen a llygredig,
ond a gŵyd fel eryr melyn

uwch y gwastadedd llwyd
a'i gynffon yn lledu'n
enfys lliwiau
rhyngom a'r gorwel.

103. Yr adar bach

Y mae'r adar bach yn canu
yn yr oriau tirion hynny
pan fo'r tai yn trio cysgu'n
gynnes dan gynfasau'r gwely:

y mae'r adar bach yn trydar
ar wifrennau'r bore cynnar,
yn chwarae'u mabolgampau llafar
yn rhywle rhwng y nef a'r ddaear:

y mae'r adar bach yn tewi
pan fo'r haul mawr cas yn codi,
a chrino'r dail ar goed y gelli
a rhewi'r llyn cyn agor llenni:

a chan na chlyw eu cân anwadal,
gan gythru'n ddall trwy frigau'r goedwal,
a min cynddaredd ar ei rasal,
mae'r byd ar adar bach yn dial.

104. Lle mae perffeithrwydd bellach?

Mae perffeithrwydd
yn y bore bach bach
yn y glaw sy'n cerdded
fel trychfilod ar doeau'r ceir:

y glaw mân mân
sy'n tywallt fel y Gymraeg
drwy ddrysau ffrynt y tai teras,
rhwng y llenni cau

sy'n codi fel arogl coffi
yn gwmwl anweledig
uwchben y gerddi bach taclus,
y strydoedd cysurus,

sy'n cerdded yn ysgafndroed
ar draws y lôn ddi-geir,
cyn deffro'r traffig,
cyn codi lorïau Caer:

mae perffeithrwydd
mor anodd ei ddirnad
â phlant uniaith
yn canu hen benillion

rhwng cawodydd,
ac eto, heddiw'r bore
gafaelais mewn llond llaw
o berffeithrwydd, a hwnnw'n brifo.

105. Dyfalu

'Ddaw rhyddid ddim...
fel colli dagrau fel cell yn agor
drwy orchymyn llys neu gais rhyw gyngor
fesul carreg ar garreg o fur amyneddgar
fel hedyn anwydog
drwy ddaear styfnig y gwanwyn cynnar
yn feddwdod delweddau i guriad cyfrifiadur
yn dawel fodlon yn gynnig arbennig
gyda phapur Sul yn brydlon frwdfrydig
yn wyryfol ddelfrydol yng nghyfathrach oedolion
cyfrifol fel priodferch dros drothwy breuddwydion
i ateb gweddi nac fel gwawr yn torri'n
deilchion ar stepen ddrws y bore'n
baent gwlyb yn splashio sloganau'n
swynol i gyfeiliant cynghanedd cerdd dant
fel ôl traed cyntaf ar ôl cawod eira'n
ddigyfaddawd egwyddorol yn ddiddosbarth gyfryngol,
yn ddistaw, yn weddus, yn gonfensiynol,
drwy gonsensws gwerin a dosbarth canol
yn rhad ac am ddim efo galwyn o betrol...

'ddaw rhyddid ddim
nes i lanw budur dyheadau'r bobol
chwalu'r forglawdd.

175

106. Rhyfel a heddwch

Fe awn oll drwy orsafoedd y nos:
ar wib weithiau:
dim i'w weld ond rhuthr o olau

ac ambell wyneb drwy'r tywyllwch
wedi colli trên arall,
cyn twnelu i'r duwch yn ôl:

dro arall, gan dreulio oriau
yn gwrcwd ar blatfform gwag
yng nghwmni rhes o fagiau

neu'n dylyfu straeon hen siwrneai
dros beint o gwrw plastig,
a sgerbwd y siwrne nesaf

yn dôn gron ar y tannoy:
'calling at Birmingham New Street,
Stafford, Rugby and London Euston.'

Fe awn oll drwy orsafoedd y nos:
yn amhersonol, anghyfarwydd,
wynebau'n ffarwelio, yn cofleidio,

yn prysuro o'r tu arall heibio,
yn damio dan ein gwynt
fod y coffi'n oer neu fod corff ar y lein,

yn cega pwy bynnag a wnaiff wrando
am i ni golli cysylltiad,
am inni gael ein dal yng ngorsafoedd y nos.

Y ni, y ffoaduriaid o ddewis,
na wyddom frawdoliaeth y gorsafoedd tywyll
lle daw trenau o Sarajevo, Colombo a Phnom Penh

i dywallt eu gofid o'r cerbydau gorlawn:
lle mae gwae a thrueni'n gwau
ar beiriant 'pinball' y platfform,

yn filwyr a newyddiadurwyr, yn dwrw
o deuluoedd, yn sgerbydau o liwiau
egr, yn gyffordd o ddagrau,

yn fwrlwm, yn gwlwm drwy'i gilydd:
pob un ar ei ben ei hun
yn ffoi, ac eto eisiau cyffwrdd,

eisiau adnabod, eisiau dod o hyd
i galon ar gyrion y nos ddi-gariad
sy'n barod am eiliad i siarad, i gysuro,

sy'n estyn llaw ar draws y cledrau:
fe awn oll drwy orsafoedd y nos,
a bodio'r cylchgronau ar y silffoedd budur:

wrth fyseddu'r penawdau, ni wyddom y wefr
felys o gydio trugaredd, rhwng bys a bawd,
a rhyfeddu.

107. Tafarn y Werin

Mewn breuddwyd bûm ar grwydyr
allan dros farian at fur
a thyrau a phyrth euraid
yn rhes, a hanes fel haid
adar Rhiannon hudol
yn dwyn i'w nyth ein doe'n ôl.

Crwydrais bob cwr i edrych
a welwn i Helen wych
yn frau rhwng y tyrau tal
a'i hias drwy'i choed yn sisial
alawon cerddorion ddaeth
i daro cordiau hiraeth.

Crwydrais, ond ni welais neb,
'dyw y cyfan ond cofeb
i wŷr mawr wnaeth goncro'r Maes
a Charlo'n ei gadach eurlaes:
cerrig a gwawd concwerwyr
tre'r Cofi yw meini'r mur.

Crwydrais y dre a cheisio
hafan a thân dan ei tho:
gwag y cei a phont Seiont,
neb i'w weld yn Nhan-y-bont,
tywyll nos drwy'r Twll-yn-wal,
rhewynt yn oeri'r Roial:

Crwydrais, cyn clywed lleisiau
drwy nos oer y dre'n nesáu:
lleisiau cymeriadau 'mro

ar yr awel yn rhuo
a throstyn', 'deryn yn dŵr
a'i windy'n storm o ddwndwr.

Wedi'r crwydro, yno yr oedd
ein cenedl yn eu cannoedd,
tyrfa a nerth ein tref ni,
iaith ac afiaith y Cofi
'n llenwi bwyty Kenny Khan,
yntau a'i wên ar bentan:

eryr Tafarn y Werin,
eryr gwladgarwyr, a gwin
ei groeso'n llifo'n llafar,
twrw beirdd o bobtu'r bar
yn rhoi mawl drwy'r oriau mân
i eryr y gwallt arian.

Tachwedd 1993

108. Tref

Hen siment ar balmentydd
a sbwriel a rhwbel rhydd,
a thrwch o lwch wna i le
edrych fel 'tae neb adre
i 'forol am yr heol hon
na dyfalu adfeilion:

hen deras yn codi hiraeth
am wên deg cymuned aeth
i'w henaint digwmpeini;
fe â lôn ei chyfle hi
yn dwrw chwerw drwy'i cho',
a'r hen dre yn dirywio:

hen furiau uwch y Foryd
heno'n atgofion i gyd,
am hir siwrneiau'r moroedd
heibio i Lŷn – adre daw bloedd
y gwynt anial sy'n chwalu
hwyl y daith yn gwmwl du:

hen wreigen yn cau'r llenni
ar olau'r haul, a'i pharlwr hi
yn warws o hen greiriau
dan drwch o d'wllwch, a dau
gi mud ei chyn gymydog
yn y llwch yn magu llog:

yna i'r stryd, ar draws y dre,
rhowliodd y criw o rywle,
yn un gynghanedd feddw,

a dwyn eu hiaith gyda nhw,
a'u llawenydd drwy'r llanast
yn dŵr o hwyl ar dir wast;

y nhw yw'n castell bellach,
ni threchir byth ar chwarae bach
eu gwên, a sŵn y dre'n drwch
hyd furiau eu difyrrwch:
mur eu nerth yw miri'r nos,
muriau sy yma i aros.

109. Lle suai'r gwynt

O groes i groes fe groeswn
y tir gwastad ar hyd lôn wledig
a chornel o Lydaw yn lanfa

i wynt yr Iwerydd,
sy'n rhuo ar draws yr erwau
o fresych a cheirch a chorn:

mae'r Mis Du yn medru mynd
yn ddiawledig o anghroesawgar,
yn oer a gwlyb diferol,

a'r nosweithiau yn ymestyn
yn lonydd digysur o'n blaenau,
a sŵn y gwynt yn gyson, gas

yn y tywyllwch, daw'n wyllt drwy'n gwalltiau,
a ninnau'n dianc i ffermdy cyfagos:
dros botel win ar draws y bwrdd

rhannwn eiliad o dangnefedd
â dau dan olau dieithr,
yn nhymor hedd rhannu anthem rhyddid,

a geiriau cyfarwydd yng ngwres lamp baraffin
yn cronni fel deigryn ar ymyl y gwydr,
wrth sibrwd 'Suai'r Gwynt' yn wyneb y storm.

Tachwedd 1994

RHAGFYR

110. Mair

Hi yw'r un sy ar grwydr unig
drwy fyd oer y dyrfa a dig
haid fandaliaid y 'Dolig:

ym merw y cwsmeriaid
hi ddaw a'i baich yn ddi-baid
i ddrws siop yn ddyrys sypiaid:

mae unigrwydd ar adeg y 'Dolig
fel carreg mewn esgid,
yn wayw na ŵyr neb arall amdano:

wrth hercian rhwng silffoedd yr archfarchnad
a'r babi'n sgrechian
mae pob cam yn gricymala

o boen a blinder,
a thwrw'r cythru a'r gwerthu
yn adleisio'r gwacter,

fel sŵn sodlau stiletto
ar risiau haearn yr allanfa dân:
i gyfeiliant Perry Como a chlychau synthetig

dawnsia'r trolïau drwy'i gilydd:
wnaeth hi 'rioed daro'r mab o'r blaen,
ei ysgwyd a'i ddyrnu yng nghanol yr alé:

tagu ei ebychiadau a chledrau ei dicter:
curo'r crïo nes i'r miwsig stopio:

chwalai wyneb mud y baban brysurdeb y siop:

dan y sêr plaster, plastig,
a'r angylion electronig
y mae hi yn chwarae mig

â Herod, gan wybod bod ei baban
yn dweud mwy â chardod mân
un gair na llond ceg o arian.

Nadolig 1994

111. *Mapio (III)*

(Dulyn, Rhagfyr 1998)

Larwm car
yn cael ei anwybyddu
yng nghanol traffig diwedd p'nawn,
ac oglau bragu ar y Liffey:

addurniadau Nadolig
fel sêr ar y craeniau yn yr harbwr
a lleuad swil yn cuddio
tu ôl i dŵr Telecom Eireann:

eco'r gêm yn crogi
yn y niwl wrth iddi nosi –
De Affrica'n curo
saith ar hugain i dair ar ddeg,

ac acenion y Veldt mor ddiarth
yma lle mae oren
yn dal i fod yn lliw
rhwng gwyrdd a gwaed:

fe wn i lle ydw i,
os ga'i'r afon yn gwmni
er bod ei dŵr
yn wenwyn gan biso llygod mawr:

fe gadwaf ati,
fe ddaliaf ati,
nes cyrraedd lle bynnag mae dyn am gyrraedd
drwy dyrfaoedd Nadolig yn Nulyn.

112. Wedi i'r tafarnau gau

Lleuad ifanc uwch Caernarfon,
uwch y toeau llaith,
uwch y ffordd osgoi sy'n hollti'r
dre 'ma fel hen graith:

lleuad ifanc uwch Caer Seiont,
uwch Twthill a Stryd Llyn
yn dal pob cusan, pob gair croes
yn ei llifolau gwyn:

lleuad ifanc drwy'r cymylau'n
sbecian yn slei ar y Maes,
lle mae cyfrinachau'r nos yn cuddio
dan y sgertiau llaes:

lleuad ifanc ddechrau Rhagfyr
a'i golau'n llwybyr clir
ar draws cerrynt chwil yr Aber
ar derfyn blwyddyn hir:

lleuad ifanc uwch Caernarfon
yn gwyro i drugarhau
ar ddau neu dri sy'n troi am adre
wedi i'r tafarnau gau.

Rhagfyr 1992

113. Nos o haf

Nos o haf ei hanwes hi
a'r haul yn y chwareli
'n chwarae, a'r llechi hirion
a'u 'trŵ lyf' o bobtu'r lôn –
graffiti yn gwmnïaeth,
yn ffrind ar y gefnffordd ffraeth:

nos o haf gynnes yw hi
a'i gwên yn y clogwyni
uchel uwchlaw Llanllechid,
yn y graig gwelaf ei gwrid,
a'i rhugl iaith yng ngharreg las
toeau arian y teras:

nos o ha' 'i chymdeithas hi
sy'n glynu'n dyn amdani,
a haenau ei hamlinell
sy'n sôn am gopäon pell,
am eithin a chyfrinach
gwlith ar we'n y bore bach:

nos o ha'n hanes heno
a'r rhew ar ganghennau'r fro,
y gaea' ar grawia'n gri
a hithau â'r golau'n gwelwi
yn troi yn ôl tua'r allt
arw'n gydynnau eurwallt.

114. Beddau, Bodelwyddan

Yn rhesi cymen
rhwng y llan a'r draffordd
mae'r gwŷr ifanc yn gorwedd:

nid yw eu diwedd
ar ddiwedd y rhyfel i ddiweddu rhyfel
yn hysbys yng ngeiriad y cerrig:

yn sŵn y traffig
mae ambell gyfeiriad at anrhydedd a rhyddid
yn denu'r sylw, yn cydio'n y dychymyg

ond mae'n beryg
na chawn ni wybod pa ergyd a'u lloriodd
i orwedd yng nghysgod yr eglwys farmor:

dan bridd tramor,
y soldiwr, y gyrrwr, y drymiwr bach,
yn dal ar dir a'u llong yn aros:

mor bell, mor agos,
ar eu ffordd adre, yn cwffio i adael,
a sŵn y ceir fel cusan cariad

yn anadl amddifad:
dan warchae diddiwedd traffig y draffordd –
Cape Breton, Quebec, Newfoundland –

mor agos, mor bell.

Rhagfyr 1996

115. Catraeth

Lleisiau mewn tŷ di-groeso
a'r mudandod yn atseinio,
trwst angau yn nhrawstiau'r to:

lleisiau cyfeillion a gollwyd
yn llafar uwch y byrddau bwyd,
yn llenwi'r gwacter i'r gronglwyd:

lleisiau yn ffraeth, yn ymffrostgar,
yn ffeirio rhegfeydd dros y bar,
a'u gwawd yn folawd aflafar:

lleisiau'r meirw'n goroesi
a thwrw meddw'u direidi
yn byw yn ein hymwybod ni:

y lleisiau hyn a ddaw'n rhengoedd
ar hyd llwybrau'r canrifoedd,
a'r bore'n her ym mhob bloedd:

lleisiau'r trichant, nid y fyddin
a'u trechodd, a mygu eu chwerthin,
a ddaw yn ddi-daw o'r drin:

lleisiau mewn tŷ di-groeso
a'u helwch yn fflam heno'n
cynnau tân yn adfeilion y co'.

116. Seren y bore

Mae poen o hyd yng nghwymp y dail,
daw ei henaint heibio'n iau bob blwyddyn
fel addurniadau'r Nadolig ar anterth Haf Bach Mihangel,

neu dannau hen gân yn dawnsio yn y fflamau,
a'u bysedd yn cosi atgofion a ddaw i guro
a galw heibio'n amlach o hyd:

mae poen y mis du'n ymledu'n
aeaf o wynebau'n chwilota bargeinion
a bywyd newydd yng ngwaelod y fasged:

mae'r darluniau mor dreuliedig bellach,
y tymhorau mor fyr, mor anniddig:
diswyddiad arall, dirwasgiad arall,

drws yn cau ar fywyd arall, ar gartref arall,
a rhesi'r siopau cardod, am yn ail â'r rhai gwag,
mor ddeniadol dan dinsel y stryd:

mae'r meddwl yn crwydro, does dim yn gyfarwydd
        bellach:
lle'r oedd tymhorau a gwyliau fel goleudai
yn fflachio'n gyson i gofnodi'r daith

does ond adlais sodlau yng nghoridorau yr arcêd siopa
a bargeinion dechrau un tymor yn cystadlu'n aflafar
â sbarion rhad y tymor diwethaf,

wrth i'r cylchoedd droi'n gyflymach,
yn ôl rhythmau anwadal y farchnad:
mae'n dilyn llewyrch llachar y siopau,

yn gwylio yr hysbysebion yn dod a diflannu
ar sgrinau amryliw Visionhire: o'u dydd di-fachlud
mae'n camu i'r tywyllwch y tu hwnt i wawl melyn y
   ddinas:

mae'r nos fel siaced leder, yn gynnes ar ei war,
mae'n cerdded ychydig yn fwy hy, yn fwy hyderus
a'i düwch esmwyth, ei hoglau amdano:

mae poen o hyd yng nghwymp y dail,
poen sydd mor hen â'r geni,
mor gyson ddigwestiwn:

ac wrth i gylchoedd ein byw chwil-droi
yn bendro o ystadegau, o gyfraddau ac arwyddion
neon yn tanio a diffodd yn otomatig,

yn gynt ac yn gynt, mae'n edrych allan
ar draws eangderau dieiriau y nos
a sylwi ar seren a wawriodd cyn bod amser,

sy'n taflu ei goleuni y tu hwnt i'n tymhorau ni,
seren ddoe, heddiw ac yfory,
seren sy'n hŷn na'r geni

a'i golau'n guriad calon,
ei phelydrau'n treiddio trwy fudandod canrifoedd:
mae poen o hyd yng nghwymp y dail

a geni hefyd, yn seren gynnar,
a'r wawr yn torri'n deilchion amdani:
yn ei dywys yntau gam arall o'r daith.

117. Marwnad Siôn Corn

Mae Siôn Corn wedi marw,
daeth y neges ar y ffôn,
a gwelais olau'r ambiwlans
yn las ar y lôn:

mae Siôn Corn wedi marw,
gafaelais yn ei law
a'i theimlo'n oer a llonydd
fel cusan yn y glaw:

mae Siôn Corn wedi marw,
at bwy y sgrifennaf i?
ni chlywaf eto'i chwerthin mawr
am ben y sêr di-ri':

mae Siôn Corn wedi marw,
ni ddaw o'r ddaear oer
i gysuro'i blant sy'n crïo'n
amddifad dan y lloer:

mae Siôn Corn wedi marw,
ond eto'n ddistaw bach
disgwyliaf, fore'r Dolig,
weld ei anrheg yn y sach.

Nadolig 1993